継続貢献営業2

生産性3倍を実現する「正しい生命保険営業」への挑戦

エフピーステージ株式会社

五島　聡

近代セールス社

はじめに

保険業界の再生を目的に、2020年2月、本質的な成功を実現するための保険営業の真髄をまとめた『継続貢献営業』を出版いたしました。継続貢献営業とは、付き合うべき人に寄り添い、継続的に問題解決貢献をして信頼構築し、すべてを任せてもらうこと。ところが、あれから3年が過ぎた2024年の今もなお、保険業界の現状は何も変わっていませんそれどころか、新型コロナウイルス感染症をはじめとする様々な環境の変化により、保険営業の構造的な問題とも言える「生産性の低下」が、一層進んでいるように感じます。

ある外資系生命保険会社に入社した方からは「入社後3年以内の保険営業員の生産性は急落している」と聞きました。低い生産性では、保険営業員とその家族が生活を維持するための収入を得ることはできず、退職勧告を受けるなど、まさに不幸の悪循環に陥っています。

保険営業は、固定給のないフルコミッション（完全歩合制）の世界です。これでは、安定したサラリーを捨て、成功を求めて保険会社の門をくぐった転職組の皆さんは、前職よりも所得が減少し、家族にも不幸を与えてしまうでしょう。

保険業界の構造的な問題とは、「低い生産性」と「高離職率」です。ある営業現場では、たった2年で採用された人の6割が離職するそうです（日本経済新聞2021年3月30日の朝刊より）。大量採用・大量脱落という、いわゆるターンオーバー問題は、残念ながら未解決のまま現在も続いています。保険業界は「不幸の塊を作り続ける業界」と言われるゆえんでしょう。

私は、保険営業の「あり方とやり方」に課題があると思っています。そこで、本書『継続貢献営業2～生産性3倍を実現する「正しい生命保険営業」への挑戦』で、皆さんにその解決策をお伝えしたいと思います。

保険営業員が成功するためのポイントは、ただ1つです。それは、社会から「必要とされる存在」「不可欠な存在」になることです。保険を売るだけの人で終わるのではなく、お客様の伴走支援者になるのです。つまり、お客様に継続して貢献する営業「継続貢献営業」をするということです。皆さんは、縁あって保険業界に関わったのですから、ぜひ、この「継続貢献営業」を実践していただきたいと思います。

本書では、継続貢献営業の原理・原則を紹介しています。法人保険営業を通して、特に財務や事業承継など、多くの企業が抱えている課題解決のため様々なサポートを提供し、継続的に企業への貢献を続けていただきたいと思います。

保険営業員が扱う生命保険は、お客様の未来を良くするための部品の1つです。決して節税のための商品だと思わないでください。会社の経営者ならば、社会を動かしていく存在です。だからこそ、人に迷惑をかけずに仕事ができるよう、生命保険が必要になるのです。

ぜひ皆さんも、本書の内容を参考に、お客様に寄り添った継続貢献営業をして、物心両面の幸せを手に入れていただきたいと思います。

2024年4月

五島　聡

CONTENTS

第2章　個人保険営業の限界　49

第3章　法人保険の高付加価値営業　67

私が自身の経験から学んだこと
『キーワードは「貢献」にあった』

私は31歳の時、ソニー生命に入社しました。転職のきっかけは、ちょうど30歳の時に交通事故に遭う寸前の経験があり、その時、自分の人生の終わりを考えたからです。その時に強く思ったことが、「自分の人生が終わる時は、決して後悔したくない」ということでした。では、そのために何をすべきかと考えた結果、私が出した結論は「1日1勝する」でした。そして、誤魔化しのきかない保険営業というフルコミッションの世界で生きることを決めたのです。

入社して1カ月間、基礎教育を受けている時に、もう1つ決めたことがあります。それは「高い目標を持つ」ということです。その時点での高い目標とは「3年目に年収を1億円にする」というものでした。まだ1件も保険契約が取れていない状態で考えた目標なので、1億円という数字に何の根拠もありません。

低い目標を立てても人生に何の意味ももたらしません。とはいえ、高い目標を立ててもまったく実現できないのであれば、自信を喪失するだけです。ですから、同時に目標を達成するための手段も決めなければいけません。

私が年収1億円達成のための手段として決めたことは、「1日に5人の社長と会う」ということでした。もちろん簡単なことではありませんから、すぐに実現できたわけではありません。しかし、自分が掲げた目標と、そのための達成手段を、他人事ではなく自分事として考えるようにしました。自分事であれば、どうやって実現するかを徹底的に工夫しようとするからです。

仕事を続けていく中で、「貢献」というキーワードが、「1日に5人の社長と会う」という手段を実現してくれることに気づきました。お会いした社長に「何かお困りごとはありませんか」という質問を投げかけ続けることで、少しずつ「貢献」を実現していきました。いただいたリクエストや宿題を解決していけば、相手から「この人は会うに足る人物だ」と認識してもらえるようになります。

また、お客様の問題を解決するためには、仲間が必要なケースも出てきます。そのためには「人脈」が不可欠です。ですから、人とのつながりも貪欲に広げていきました。

皆さんには、まず人生の終わり方、今後の生き方を決めていただきたいと思います。そして高い目標を立てて、それを達成するための手段を決め、実行してください。成功させる意思も不可欠です。正しい方法で続けることが重要です。

失敗から学んだこと

もちろん、私は多くの失敗も経験しています。だからこそ、物事の原理原則や本質に気づくことができたと思っています。

私には3つの原体験があります。原体験とは、一生忘れられないような感動的な体験や、まったく逆に、辛くて惨めでもう二度とこんな思いはしたくないという経験をいいますが、私の場合は後者の、二度としたくない体験です。

その1つは、自分の会社に国税局査察部の査察が入ったことです。逮捕されて起訴されるかもしれないと思うと、とても怖かったです。もちろん、私が脱税したわけではないのですが、以前に顧客だった資産家が無記名債権を脱税して持っていたらしく、それを現金化してくれないかと頼まれたことがありました。お客様の頼みだったので引き受けたのですが、それにより、2週間程度、国税局査察部の取り調べを受けることになったわけです。あのような思いは、もう二度としたくありません。

2つ目の原体験が貸金です。私は億を超えるお金を後輩に貸したことがありました。公正証書を作成してはいましたが、この後輩からは今でもお金が返ってきていません。

そして、3つ目がリーマン・ショックです。

保険業界に入った3年後に1億円の年収を目標として以来、1日5人の社長と会うことを実行し、実際に目標を達成させました。失敗は、その成功がずっと継続すると勘違いしていたことです。いわゆる「調子に乗る」というやつです。当時は、繁華街で1年間に接待交際費を3000万円くらい使っていました。

さらに、経営ができないのに、ソニー生命の同期5人と保険代理店を作り、経営者になりました。5人で会社を作ったという点も間違いでした（株主5人で代表者1人、副社長4人）。なぜなら、意思決定権者が5人いるわけで、これでは経営がうまくいくはずもないのですが、そういうことが理解できていませんでした。

その会社では株式公開を目指し、成果が出るという前提で、社員80名の1カ月の人件費は8000万円を超えていました。ところが、まったく成果が出せず、結果は大赤字でした。

この時に考えたことが、高付加価値化を目指さなければいけないということでした。保険だけでなく、親族外承継、いわゆるM&Aを成立させなければいけないと考えていました。M&Aは1件あたりの収入が大きく、私が経験した最高の手数料は1億5000万円でした。そのせいでまだ勘違い状態は続きます。年間3000万円の接待交際費を使っただけでなく、身の丈に合わない車や船も購入しました。

そんな時に起きたのがリーマン・ショックです。M&Aがゼロになってしまい、赤字に転落しました。しかしその前の期は黒字だったので予定納税の催促が来ました。納税しようにも手許にお金はありません。そこで車を売り、船も売りました。ちなみに、4000万円で購入した船は、1000万円にしかなりませんでした。

それ以降も赤字は続きました。そこで社員の給料を優先するため役員報酬を止めました。納税資金を借入れしていたので、このままでは自己破産する可能性もありました。

この時、事業が黒字でもキャッシュ（お金）が赤字で手元になくなる、つまり「現金損益®」赤字の恐怖を、身をもって知ったのです。「お金の使い方を間違えると会社が悪くなる」は、自分自身が体験しているからこそ確信を持って言える言葉です。ちなみに「現金損益®」とは、簡易キャッシュフローを言い換えた弊社の造語で、弊社で商標登録をしています。計算式は、「（利益＋減価償却）－（借金の元本返済＋保険資産計上額）」です。

そんなどん底ともいえる時に、1人だけ手を差しのべてくれた方がいました。それが私が継続的に貢献営業をしていたお客様でした。20年間ずっと定期的にお会いして、経営の悩みをお聞きしていた程度のお付き合いでしたが、そのお客様が私の状況を知り、「月50万円で顧問契約をしましょう」と申し出てくれたのです。自分が本当に辛い時に救ってくれたのは、大型案件をまとめた「上客」ではなく、継続貢献営業をしてきた古くからのお客様だったのです。

私はこの失敗の原因を考えてみました。その原因は2つありました。

1つは「顧客に寄り添っていなかった」ことです。いくら自分の仕事を高付加価値化しても、M&Aを成立させたら終わり、保険を売ったら終わり、つまり売るためだけの仕事、利己的な仕事をしていたのです。

2つ目は、「経営の間違い」です。お金の使い方を間違えていました。収益が継続すると思い込んでいました。これは無知経営です。

もし私が「現金損益を黒字にすることの大切さ」を知っていれば、車や船なんて買いません。そうすればお金が残り、役員報酬を止める必要もありませんでした。

こうした苦い経験をしたこともあって、保険業界を良くするという理念を持つに至ったのです。

保険営業のやり方を変える

私が考える保険業界の問題は2つです。

1つは、保険販売の営業が「売りっ放しの仕事」である点です。

私がソニー生命にいた3年の間、連続挙績を続けてきました。連続挙績とは、保険業界の用語で、1週間に1件以上の保険契約を毎週積み重ねることです。

あるお客様からご契約をいただいて数年経ったころ、電話がかかってきてこう言われました。「私のこと、覚えていますか?」

ハッとしました。そのお客様のことを覚えておらず、お客様全員のことが私の頭に入っているわけではないのだと、その時初めて気がつきました。誰のため、何のための連続挙績なのでしょうか。

2つ目の問題は、「売らんがための仕事」である点です。

「こうすれば得ですよ」「こうすれば損ですよ」という売り方がその一例です。保険を「節税」の手段とした売り方も多かったと思います。あの手この手で、結局は売りつけてしまう仕事のやり方が横行しているのではないでしょうか。フルコミッションの仕事をしていると、こんなやり方になってしまうのかもしれません。

しかし私が原理原則として掲げているのは、「顧客不満足のビジネスに明るい未来はない」です。顧客不満足度が高まってしまうビジネスはすべきではありません。

では、どうするべきか。

人は自分が欲しい物や必要な物を買います。欲しくない物や必要のない物は買いません。皆さんも経験があると思いますが、生命保険を「欲しい」「必要だ」と思って積極的に買う人はごく少数でしょう。

ですから、保険営業員は根拠を示して、「これだけの金額の保障が必要です」と説明しなければなりません。相手が、個人であっても中小企業経営者であっても同じです。保険営業員は必要だと思うからお客様に提案し、お客様は必要だと思うから保険を買うのです。ここで重要なのが、保険の必要性を明確な数字で説明できているかということです。

私はこの業界に入って、たくさんの保険を売り、短期記録でエグゼクティブ・ライフプランナー（一定の保険実績を上げた者が名乗れるソニー生命の社内ランク）になりました。しかしその頃の私はいつも不安でした。なぜかというと、「今日売れたとしても、明日売れるという保証は何もない」ということを痛感していたからです。この感覚は、皆さんにもあるのではないでしょうか。

この不安を払拭するためには、仕事のあり方とやり方を見直さないと何も変わりません。では、どうすれば本質的な成功が実現できるのでしょうか。

まずは、「仕事のやり方を変える」という意識を持つことです。その結果として人生が変わってくるのです。自身のキャラクターに頼った営業、いわゆる「キャラクター営業」

だけでは、いずれ限界が来ます。

保険営業員が成功するためには、社会から「必要とされる存在」「不可欠な存在」にならなければなりません。保険を売るだけの人で終わるのではなく、お客様の伴走支援者になるのです。お客様に継続して貢献する営業、つまり「継続貢献営業」をするということです。

第1章

保険業界で多発する不祥事とその要因

保険業界には、売ることに偏重した文化がある。その結果、売りつけや売りっ放し営業が横行し、お客様に不満が残る。そして、世間からも嫌われ、営業先がなくなって辞めざるを得なくなり、それが高い離職率につながっていく。このような負のループが存在する保険業界。本章では、この業界に多発する不祥事とその要因を探る。

1

多発する不祥事の原因は「売ること至上主義」

保険業界は特に不祥事の多い業界です。

ソニー生命に入社してすぐ、生命保険会社の女性外務員から、「バーター契約をしよう」と連絡がありました。すぐには理解できなかったので、確認すると、互いに保険に加入し合うということでした。そこには顧客の「ニーズ」も何もありませんし、そんなやり方が続くわけはありません。その申し出は断りましたが、これが驚愕の実態です。

2023年9月、大手中古車販売会社と損害保険会社双方が深く関与した「保険金不正請求」問題により、損害保険会社の社長が辞任しました。大阪府では、元外資系保険会社外務員が書類を偽造し養子縁組した人物を殺害し、生命保険金と遺産を搾取したとする凄惨な事件がありました（2021年）。

山口県では、50年以上保険販売に携わってきた高齢外務員による、少なくとも二十数名の顧客から約19億円を騙し取った詐欺事件が起こり（2020年）、かんぽ生命では、高齢者への行き過ぎた不正販売により行政処分を受け（２０１９年）、多くの外務員が懲戒されました。

なぜ、保険業界では不祥事が多発するのでしょうか？

最大の原因は「売ること至上主義」でしょう。

報酬制度も「新契約」偏重になっています。新しく契約をし続けないと、存在できない過酷な業界であるため、行き過ぎて不祥事や犯罪を引き起こすのです。

「連続挙績（１週間に１件以上の保険契約を行うこと）」という成功基準があります。私もソニー生命在籍中の３年間、連続挙績を続け、会社から賞賛を受けました。しかし、その結果、何が起こったか？「売りっ放しの塊」、つまり顧客不満足の塊を作ってしまったのです。

契約して数年後、あるお客様に連絡をしたら、「いまさら何ですか？」と冷ややかな反応が返ってきました。「私のこと、覚えていますか？」とお客様から言われたこともあります。当然ですね。大切なことは、「誰のための、何のための連続挙績なのか？」です。

連続挙績は、売る側にとってのもので、決して顧客のためではない、ということです。

当然のことですが、顧客不満足ビジネスに明るい未来はありません。

2

なぜ保険営業は嫌われるのか？

皆さんは名刺交換の際、相手が自分の「保険営業」という肩書を見た途端に、明らかに引いてしまった、と感じたことはありませんか。こんなに保険営業が嫌われるのには理由があります。

多くの保険営業では、知り合いに何らかの理由をつけて保険を売りつけて、売りっ放しにします。それをずっと続けているので、保険営業員がお客様に名刺をお渡しすると、相手が後ずさりするのです。保険業界はまさに「人から嫌われる業界」です。

私にも同じような経験があります。個人保険を契約してもらい、それ以降も、そのお客様には毎年カレンダーを送っていましたし、暑中見舞いや年賀状も出していましたが、数年後に連絡すると、冷たい反応が返ってきました。

私はその時、「このままではいけない」と思いました。カレンダーを送ったり季節の挨拶状を送ったりすることは、会社の業務の一環でしかなく、お客様にとっては売りっ放しにされていると感じる対応だったのです。私はすぐに売りっ放しの営業スタイルを改めました。たとえ保険をたくさん売って、成績をあげていたとしても、お客様から感謝されない仕事をしていては、物心両面の成功とは言えず、自分自身が満たされることもありません。

もし、この時に気づかず、そのまま売りっ放しの営業スタイルを続けていたらどうなっていたでしょうか。「この保険営業員は私たち顧客のことを『金づる』としか見ていない」。そんなふうに思われて、当然お客様からは嫌われただけでしょう。

保険業界では個人保険を販売する際、保険営業員がターゲット顧客のライフプランニングを行うことが珍しくありません。ところが昨今の社会状況では、様々な感染症や物価高騰など、ライフプランニングに大きな影響を与える出来事が次々と起きています。そのような環境下で、皆さんは契約後に、自身が作ったお客様のライフプランをきちんとフォローアップしているでしょうか。自分の胸に手を当てて思い返してみてください。きちんとフォローアップしている保険営業員は少ないと思います。

また、こんな話もよく耳にします。知り合いが保険業界に転職したら、その知り合いから「誰か紹介してほしい」という連絡ばかりが来るようになったというケースです。これでは保険営業という職業そのものに不信感を抱かれても無理はありません。

お客様からも嫌われ、知り合いからも疎んじられると、その人の世間はどんどん狭められてしまうでしょう。

このような嫌われる保険営業員は、自己本位、つまり「利己」で動いています。自分のために売ることだけを考え、自分のために売るだけの人になってしまっているのです。これではお客様に対して無責任であると言われても仕方ありません。

保険営業をする人が、もともとそういう人間だったわけではないはずです。この問題の本質はどこにあるのでしょうか。

保険業界の採用と教育に問題の本質があると私は考えています。採用と教育は企業経営そのものに直接関わる重大な事項です。ここに問題があるということは、業界そのものに良くない影響が起き続けている状態といえるのです。

3 不純な動機からの転職

皆さんは、保険業界に飛び込んだ時、どんな目的がありましたか。何のためにこの業界に入ったのか、何のためにこの業界にいるのか、あるいはどんな夢を持っていたのか、思い出してみてください。「この仕事なら、すぐに儲かる」とか、「働き方が自由で自分のペースで働ける」、「アントレプレナー（ゼロから事業を創る人）になれる」といった自己本位（利己）な理由が多いのではないでしょうか。かくいう私も、最初は金儲けを目的にしてこの業界に入りました。

一方で、採用する保険会社側のスタンスはどうだったでしょうか。就職希望者がこうした考えを抱いている時、「そんな不純な考えを持つんじゃない」とたしなめるどころか、むしろこうした考えを煽っていたように感じます。ところが、「すぐに儲かる」という考えは、その実現が簡単ではないと、現場に出てみればすぐに気づくことなのですが、採用時に正直に告げられるケースは少ないでしょう。

本来であれば、保険会社側は志望者に対して、「あなたの可能性を開花させるためには、勤勉努力と実践継続の習慣化が不可欠です」などと伝えなければならないはずです。その上で、「それでもやりますか」と覚悟を問うべきなのです。

実は、保険会社の採用担当者の多くは、お客様に心から感謝されるという自己有用感を持てるような成功体験をしていません。こうした現場感のない人、勉強をしていない人が保険営業の採用を担当しているのが実態なのです。

4

「クレクレ人間」を拡大させる新人教育と保険業界の社風

採用時点で、志望者の不純な動機が溢れている保険業界ですが、私は新人教育についても、さらに大きな問題があると感じています。それは教育の主軸が「売ること」だけにフォーカスし、そのためのテクニックばかりを教えている点にあることです。

一般的な企業では、新人はまず基礎教育を受けます。この時の基礎教育とは、業界特有の知識を習得し、社会人としての一般常識を身につけ、顧客との具体的な接し方を学ぶことが中心です。この基礎教育で、企業側は新人にその業界で自分たちがどうあるべきかを教え、業界、引いては人生で成功するためにどうすればいいのかを教えるのです。

では、保険業界における基礎教育は、こうした「人生で成功するための教育」になっているしょうか。

保険業界における基礎教育では、「保険を売るため」にどうやって人と会うか、「保険を売るため」にどのようにプレゼンテーションをして、どうクロージングするか。そのための口先だけのテクニックを、口先だけの教育担当者が、損得勘定だけの教育を行っているのが現実です。保険営業としての本来のあり方（つまり、顧客に貢献すること）は、この中に含まれていません。

皆さんは、基礎教育で「売りっ放しは絶対にやめましょう」とか、「顧客に寄り添い、顧客の人生ビジョン達成のための支援を行ってください」などと教えてもらいましたか？教育担当者は自らが「こうあるべき」という実践者としての模範を示して教育をしていましたか？「ＹＥＳ」という答えはほぼゼロだと思います。

こうした教育を経た保険営業員によって販売された保険は、ほとんどが「売りっ放し」になります。売れたらそこでおしまいです。契約するまでは熱心にコンタクトを取ってきて、きめ細かい説明やライフプランニングなどをしてきた保険営業員が（ここまでやるのはまだいい方で「情」に訴えるだけのケースすらあります）、契約した途端に、おざなりな「ご挨拶」しかしなくなる。これでは保険営業員がお客様から感謝されるはずはありません。

そして、さらに新しい契約先を得るために、知り合いなどに片っ端からお客様を紹介してほしい、と頼むのです。

売上本位の教育は、契約して「くれ」、紹介して「くれ」という、クレクレ人間しか生みません。こうした「クレクレ」の仕事をして、保険営業員は本当の幸せを感じられるのでしょうか。仮に優秀な営業成績を残したとしても、物心両面の成功を成し遂げたとは言えないでしょう。

5

保険業界の不祥事と闇

　これまで保険業界の考え方は「商品売り」しかありませんでした。その実例が、租税回避を目的に節税保険を売り、金融庁から行政処分を受けるという不祥事です。詳細は後で述べますが、ここでのポイントは「こうやって節税保険を売る」という指南書が保険会社にあったという事実です。保険会社は建前上は節税目的とする保険販売を禁止していたとは言いますが、節税目的のプランの販売比率が異常に高かったのは事実で、これはまさに業界の闇といえるでしょう。

　こうしたケースだけでなく、保険業界はたくさんの行政処分を受けてきました。2021年には、1つの家族に19年間で46もの契約をさせたという酷い報道も出ましたし、お客様や仲間のお金に手を付けるケースまでありました。「売上だけが正義」の世界では、保険内容をよく理解できない高齢者をターゲットにして、乗換えや転換を次々とさせて業績をあげた保険営業員を表彰することもあります。私自身、ソニー生命に勤めていた３年間で、こうした保険業界の闇の部分を目の当たりにしてきました。それでも氷山の一角に過ぎず、私の肌感覚では、保険業界は、他の業界に比べて圧倒的に不祥事の多い業界であると感じています。

どうして保険業界には不祥事が多いのでしょうか。私は、その要因が２つあると思っています。

１つは、保険業界がフルコミッションの世界である点です。成果をあげる（保険を売り上げる）ことができなければ、自分の収入もどんどん下がり、いずれこの業界にいることすらできなくなります。するとどうなるでしょうか。この業界に留まるために、生活のために、売ることばかりを考えるようになります。何かと理由をつけてお客様に売りつけるようになる。売ることが最優先になると、ルールを逸脱してしまうケースも出てきてしまうのです。

もう１つは、保険業界が損得勘定ばかりの世界であるということです。たとえば、行政処分を受けることになった「行き過ぎた節税保険」問題では、節税の本質を考えれば、それは企業価値を毀損させる行為だということに気づくはずです。ですから、「こうすると損ですよ」とか「こうすると得ですよ」という「損得売り」では、売り手はもちろん、買い手にも問題があるのだと思います。

とはいえ、節税保険を販売できなくなったことで、売上が激減した保険営業員はたくさんいるのではないかと思います。損得勘定に訴えることでしか商品を販売できなかったからです。実際、嫌われる保険営業員が保険を販売する時に多く使う文言が、「預金よりも利率が高いですよ」というものです。これは保険営業の本来のあり方とはズレた考えです。

保険販売の仕事の本質は、保険営業員の貢献が成果と調和するところにあります。成果があがるということと、お客様に貢献した結果がイコールでなければならないのです。もし皆さんの中で成果があがっていないという場合は、ご自身がお客様に貢献できているかどうかを省みてください。十分な貢献ができていないのではないでしょうか。

保険営業は、このようなストレートにシンプルに正しい考え方を持つべきです。保険営業のあり方とやり方を変えていくこと、それが保険業界を再生させるために必要なことなのです。

6
「キャラクター営業」という再現性のない営業スタイルの問題点とその末路

キャラクター営業とは、「いい人キャラ」や「可愛がられキャラ」「太っ腹キャラ」など、お客様との交流を重ねていく中で、自身のキャラクターに好印象を持ってもらい、その結果、保険を「お付き合い」として契約してもらう営業スタイルです。このキャラクター営業にも大きな問題があります。それは「その営業方法は続かない」ということです。

営業向けのビジネス書では、こうしたキャラクター営業のやり方を紹介しているものもあり、実際にキャラクター営業で成功した経験があるのかもしれません。しかし、その著者と皆さんは別の人格です。

キャラクター営業をずっと続けることはできません。自分の容姿を使ったキャラクター営業であれば、年齢を重ねるごとにその手法では難しくなっていくでしょう。あどけなさの残る新人営業だからこそ使えていた「可愛さ」も、中年になったら、ただの「痛いヤツ」

でしかなくなります。いうなれば、いつまでも通用しない「賞味期限付き」の営業手法なのです。

キャラクター営業に走る保険営業員は、とにかく顧客に好かれることを第一に考えます。お客様を良い気分にさせる方法として「良い人」や「可愛い人」を演じたり、この人と付き合ったら「タダ飯が食える」と感じさせるように振る舞ったりします。セミナーなどに参加してターゲットを物色し、一緒にゴルフや旅行をしたり、飲食を共にしたりと、とにかく保険契約をしてもらうために、お客様に気に入られるようあらゆることをします。

また契約のために、必要とあらば本来の自分とは違う自分を演じてお客様のご機嫌ばかりを気にするのがキャラクター営業です。あえて道化を演じて笑い者になったり、お付き合いの中で生じる会計をすべて負担したりするわけです。

このように、顧客に好かれるようにすることは、言い換えるならば「ごますり」と言えるでしょう。もちろん、営業という性格上、お客様から好かれたほうが有利なことは間違いありません。身だしなみに気をつけたり、TPO（Time（時間）、Place（場所）、Occasion（場面））をわきまえたりすることは営業の基本です。しかしお客様の考えをすべて肯定し、ひたすらヨイショする。そうした結果として契約できたところで、お客様は本当に契約した保険商品に満足感を得られるでしょうか。キャラクター営業に走る保険営業員自身も、自分の仕事に満足していると言えるでしょうか。自分の子どもに胸を張って自分の仕事ぶりを見せられるでしょうか。

キャラクター営業がなぜいけないのか。それは、付加価値を提供していないという点にあります。

「お客様を良い気分にさせるという付加価値を提供している」と言う方がいるかもしれません。しかし、そうしてできた保険契約をお客様の側から考えてみると、おそらく次のように考えているのではないでしょうか。

「こいつにはいろいろ便宜を図ってもらったし、こいつが提案している保険を契約『してやろう』かな」

この時、お客様と保険営業の立場には、完全に上下関係が存在しています。つまり保険を契約してくれるお客様の立場が上で、これまでずっとヨイショしてきた保険営業員は下の立場になっているのです。このような関係性になってしまうと、保険を継続してもらおうと思っても、お客様側から「いらない」と言われたら、それ以上強くは出られないでしょう。

また、こうした「お付き合い感覚」で契約した保険は、お客様が本当に必要としている商品ではなく、お客様の課題を何も解決していません。つまり、お客様が「いらない」と思えばすぐに解約されてしまっても何の不思議もありません。

キャラクター営業に走る保険営業員は、お客様との信頼関係が築けていないのです。お客様が見ているのは保険営業員のキャラクターの部分だけで、保険契約は「オマケ」でしかありません。「契約してやったのだから感謝してもらいたいくらいだ」と考えるお客様すらいることでしょう。

保険営業員が契約を取るためにプライドを捨て、多大な時間とお金を費やして得た結果がこれでは浮かばれないでしょう。

保険営業では、保険営業員のキャラクター性ではなく、提供する付加価値が重要なのです。もちろん、保険営業員が話のフックとして自身の個性を活かすことは悪いことではありません。しかしそれだけを追求することはやめるべきです。保険営業員が提供するのは、自身の人間性の切り売りではなく、あくまで保険という商品なのです。その保険商品を活用し、お客様に問題解決策を提供することで、お客様から感謝され、選ばれる保険営業員になることができるのです。お客様の課題を聞き取り、お客様のライフプランや会社経営における障害を取り除く保険商品を提案するべきなのです。

保険営業員とお客様は「理念」でつながるべきであると、私は考えます。理念を「正しい目的」と言い換えてもいいでしょう。経営理念は正しい経営の目的であり、人生理念とは正しい人生の目的です。保険営業という仕事に理念を持ってください。口先だけの理念はすぐに化けの皮が剥がれます。自分自身の想いを見つめて、確固たる理念を持ってください。そして、お客様候補であるターゲットの理念と自分の理念が共感できた時に初めて、そのターゲットは付き合うべきお客様なのだといえます。そのターゲットには保険営業員として全力で貢献してください。

7

「無限連鎖のワナ」――紹介営業の致命的欠陥

保険営業員の多くは、紹介営業に走りがちです。しかし、この紹介営業という手法には大きな欠陥が3つあります。

1つは、「お客様からの信頼を毀損してしまう」という欠陥です。前述したように、紹介ばかりを求めてくる保険営業員をお客様はどう思うでしょうか。1件や2件程度であれば、お付き合いの範疇として紹介してくれることがあるかもしれません。しかし、紹介を要求する数が増えれば増えるほど、煩わしさが増してきます。そうして保険営業員は、ますます嫌われていきます。

私も、保険会社の肩書が書かれた名刺を出した途端、相手が身構えるのを肌で感じた経験があります。それだけ保険営業員は世間から嫌われています。新たな契約を取るために紹介をもらっていたはずが、「あいつはしつこい保険営業だ」という悪評がついて、新規契約が取りづらくなる可能性すらあります。

2つ目は、「紹介先を選べない」という欠陥です。とにかく契約を多く取りたいと考える保険営業員は、「誰でもいいから紹介してほしい」と考えがちです。しかし紹介された方が本当に保険を必要としている人ではない可能性もあります。紹介者の顔を立てて会うだけという人もいるでしょう。会うだけでおしまいであれば、その時間は無駄になります。とはいえ紹介をお願いしている手前、お客様に対して「この人は契約できそうにないので結構です。他に誰かいい人はいませんか」とは言えないでしょう。

保険営業員が目指すべきことは、保険を必要とする人の役に立つこと、困り事の解決となる商品を販売することなのです。安易に契約数だけを求めて紹介営業を続けていても、本当に保険を必要とする人にはそう簡単には出会えません。紹介をいただいたから会いに行くと、実際に動いているので働いた気になりますが、実は効率の良い手法とはいえません。

3つ目が最も深刻な欠陥で、紹介を受けてお客様が増えれば増えるほど、顧客管理が難しくなり、「誰が誰だかわからなくなる」ことです。

業績優先の保険営業では、お客様の数は業績と比例します。保険販売ビジネスをストックビジネスと捉えがちですが、実は継続手数料は微々たるもので、実態はフロービジネスに近いのです。ですから、紹介によって新規顧客を開拓し業績を高めていこうとすれば、必然的に顧客数を増やし続けるしかありません。

皆さんは、実際、何人のお客様を抱えていますか？　その中で、顔と名前が一致しているお客様は何人いますか？　この1年で何人のお客様と、形式的なものでなく、「本当の」コミュニケーションを取りましたか？

この先、仮に紹介営業がうまくいき、ずっと保険営業の仕事を続けられたとします。月に20件の保険契約ができて、それを30年続けることができたとしましょう。この場合、30年後のお客様の数は7200件にもなります。お客様の顔と名前がすべて一致するでしょうか。すべてのお客様と密接なコミュニケーションを取っていけるでしょうか。私は無理だと思うのです。

中には能力の高い保険営業員もいて、非常に大勢のお客様を覚えているということもあるでしょう。しかし大半の保険営業員はお客様の顔と名前が一致せず、「売りっ放し」になっているはずです。契約の際には、「何かお困りの際はいつでもご相談ください」と定型文を口にしていても、実際に相談された時に困るのは、保険営業員のほうではないでしょうか。すぐに顔と名前が一致してきめ細かい対応ができるのは、お客様の中でも非常に限られたケースでしょう。

紹介による保険販売は、確かに保険営業の成功率を一瞬上げてくれます。それは紹介者と被紹介者との間の信用や「付き合い」がプラスされているからです。しかし、それは同時にお客様からの信用をすり減らしていることを忘れてはいけません。

「あいつはしつこい保険営業だ」と思われてしまう可能性、本当に必要としているお客様に会えない可能性、顧客管理ができなくなって「売りっ放し」になってしまう可能性などなど。業績をあげるための紹介営業の末に待っているのは、売り先がなくなって先細りしていくだけの未来です。言い方を変えるならば、保険営業にとっての紹介営業は、自分の首を締める諸刃の剣なのです。

ただ1つ、誤解のないようにしておきたいのは、何も私は個人保険営業を否定しているのではありません。個人保険の件数を増やすことだけを目的とした仕事のやり方に疑問を呈しているのです。売りっ放しにしておいて、久しぶりに連絡をしたお客様から、「いまさらなんですか」といわれる仕事が果たして正しいやり方と言えるでしょうか。私には正しいとは思えません。

8

同期は何人残っているか？大量採用・大量離職の保険業界

保険業界は、自社の生産性を高めるために毎年、大量の保険営業員を新規採用しています。２０２３年現在、生命保険募集に従事する人は約１２０万人です（一般社団法人生命保険協会「生命保険の動向」より）。賃金は概ねフルコミッションで、固定給なしです。前述したとおりこの約６割が２年で辞めると言われています。

私がこの業界に飛び込んだ時、同月入社は約50人いました。単純に12倍すれば、1年で６００人程度が採用されている計算になります。２年で６割が辞めるということは、７２０人が辞めているということになります。まさに保険業界は「大量採用・大量離職」というビジネスモデルで成り立っているといえます。

皆さんは、この数字を見てどう感じますか。私の目には「不幸の塊」が量産されていると映ります。やはり、この業界のあり方とやり方が間違っていると言わざるを得ません。

会社の生産性を高めるためにフルコミッションという条件で大量の採用を行い、保険契約を増やす、これは企業戦略としては間違っていないのかもしれません。しかし保険営業員は世間から嫌われ、お客様は保険を売りっ放しにされ、残ったのは保険会社の利益だけという状況では、保険業界が嫌われるのも無理のないことです。

大量に採用されても2年で6割が辞めていくので、また大量に採用される。こうして不幸が量産されていく図は、まさに地獄絵図と言えるのではないでしょうか。

9

捨てられる保険営業

保険営業員は会社から保険を売る（業績をあげる）ことだけを求められます。ですから、それに応えるために紹介営業に走ります。実際、業績をあげれば、その分報酬もアップするので、当初はやりがいを感じることでしょう。しかし、紹介営業では必ず限界が来ます。データ上でお客様を管理できても、契約までにそのお客様とどんな話をしたのか、そのお客様はどんな人生設計をしていたのか、その実現のために自分はどんなアドバイスをしたのかなど、明確にすべてを記憶しておくことは不可能だからです。

業績をあげられない保険営業員は、会社にとって不要の存在なのですが、フルコミッションであれば、文字通り「いてもいなくても同じ」です。フルコミッションという制度の中で業績をあげられず生活ができなくなった保険営業員は、自ら辞めるしかないでしょう。そして会社がそれを引き止めることもありません。

私自身、仲間が辞めていく姿をたくさん見てきました。一番悲しかったのは、自分の仲間が生活苦から他人のお金に手を付けてしまったことです。しかも、このようなケースは保険業界において珍しいことではありませんでした。

このような保険営業員は、果たして自己有用感を持てているのでしょうか。人の役に立てている実感もなく、業績（利己）のためだけに働くことは、物心ともに豊かになれる本質的な成功とは対極にあるものです。こうした現状は何としても変えていく必要があると私は思うのです。

第2章 個人保険営業の限界

個人保険営業と法人保険営業、いずれも売りっ放しでは成功できないが、個人保険営業では、既契約者が増えれば増えるほど、フォローに追われて時間が取れなくなり、いずれ物理的な限界が来る。本章では、個人保険営業の限界を探る。

1

低生産性の原因は「ライフプランニング問題」

保険営業には、個人契約の保険を販売する「個人保険営業」と、会社契約の保険を販売する「法人保険営業」があります。大半の保険営業は、個人保険営業からスタートします。入社して数年は個人保険営業しか担当できない保険会社もあります。

個人保険を販売する際の手段に、「ライフプランニング」があります。和訳すると「人生計画」です。これから先の人生にはどんなイベントがあり、どのくらいのお金が必要か？そんなことが数値化・可視化される優れものの計画です。しかし、このライフプランニングの活用には、問題が2つあります。

1つは、保険契約後に、計画実現のための支援をしていないことです。人生は、一度決めたからといって、計画どおりにいくことはあまりないでしょう。見直しや修正が何度も必要になります。計画どおりに所得が増えるかはわかりませんし、年金も想定どおりに支給されるかわかりません。計画どおりにいかないのなら、家計の見直しが必要になります。収入を増やす努力が必要かもしれません。つまり、計画の実現には、保険営業員の伴走支援やモニタリングが必要になるのです。

伴走支援をしないライフプランは、保険を売るための手段でしかなく、その結果、売りっ放しの顧客不満足を増やすことにつながります。

もう1つは、ライフプランニングを提供する保険営業員自身が、自分のライフプランニングを持たず、実践していないことです。何のためのライフプランなのでしょうか？　人を幸せにするための計画ではないのでしょうか？　人は実践者の言葉に影響を受けるものです。自分が実践していないのに、お客様が信頼を寄せることはありません。

2

「売りっ放し」というビジネスモデル

保険営業というフルコミッションの文化を持つ業界では、「保険をたくさん売る人が偉い」という風潮があります。しかし、結果として人から嫌われていくし、信用も失っていくことになります。

私は今の保険業界が低生産性であることの原因は、個人保険営業によって売りっ放しの塊を生み出すビジネスモデルにあると思っています。決して「個人保険」自体を否定しているわけではなく、個人保険営業の「売りっ放し」というビジネスモデルを否定しているのです。

多くの個人保険営業では、まずは家族や友人・知人に営業していくことになると思います。これをベースマーケットといいますが、ここにアプローチしている間は順調に成績をあげることができるでしょう。しかし、それも一巡すると、急に保険が売れなくなってしまうケースがほとんどです。どんなに人間関係が広い人でも、いつかは行き詰まってしまいます。

継続的に長く成功していこうとするならば、自分もお客様も幸せになるようなビジネスモデルでなければいけません。しかし、個人保険営業では、売ったらそこでおしまいの売りっ放しが横行しています。保険を契約したその瞬間は保険営業員もお客様も納得していて幸せなのかもしれません。しかし時間が経つにつれてお客様の状況は変わり、保険を見直さなくてもいいのか不安になります。一方、保険営業員はほかの多くのお客様に忙殺されて、一人ひとりに手厚いアフターケアなどすることができなくなり、お客様への罪悪感ばかりが増していきます。ですから、個人保険をターゲットにしたビジネスモデルでは、保険営業員もお客様も幸せになれないのです。

個人保険では、数をこなさなければ稼ぐことができないので、売りっ放しになってしまいます。

では、法人保険営業に切り替えたらどうでしょうか。経営者に財務で貢献することを通じて、会社の目的達成の一部品として保険を活用していただければ、継続して成果をあげることができます。それればかりか、契約後の手厚いサポートも実現でき、結果として、その会社で働く多くの従業員の生活を守ることにもつながるのです。

個人保険営業から法人保険営業、もしくは継続貢献営業にシフトチェンジするには何が必要となるのでしょうか。一言でいうと、「社会貢献力」を身につけることです。

この社会貢献力を身につけるには、勤勉努力と実践を継続し習慣化することが必要です。皆さんはこの真実と向き合わなければいけません。真実と向き合えなければ、結局は自分をごまかして、都合よく歪曲解釈するしかないからです。実践しない理由を自分以外に求めて、できない自分を正当化し逃げ続けることになるでしょう。その果てに待っているのは変われない自分、物心両面で成功できない自分です。皆さんには、高い目標を追いかける能力と素直さ、謙虚さを持ってさらにレベルを上げていただきたいと思います。

社会貢献力を身につけることによって、提供価値レベルを上げたり、自己有用感を得ることができるようになります。能力を高め、行動量を増やすことで、多くの人の幸せに貢献することができます。貢献と報酬は調和します。ですから、自分の価値をどれだけ社会に提供できるか、お客様に喜んでいただき、幸せになっていただけるか。それが報酬を高めることにもつながっていくのです。

高い目標を達成したいと思ったら、数字へのこだわりを持ってください。ぼんやりとした抽象的な目標ではなく、数字として明確な目標の達成を目指して行動しなければ、達成も明確になりません。目標が達成できなければ自信をなくし、いつしか「負けるのが当たり前」というネガティブ思考に陥ってしまいます。

ただし、数字にこだわる目的が、自分自身のためではいけません。大切なのは「利他の精神」です。「このお客様にはこの保険が役に立つ」という観点で、正しい根拠を示し、「この金額の保障が必要です」と説明します。必要だからこそ保険営業員は提案し、お客様は必要であることを納得するから契約するのです。まずはお客様の成功を実現し、その幸せの実現を通して社会への貢献を実践してください。

さらに、自分の成功だけに留まらず、仲間の成功をも支援することができれば、結果として自分自身の大きな物心両面の成功につながっていくでしょう。

3

顧客を使い捨て続ける保険営業の世界

保険営業は、その大半がフルコミッションの非常に厳しい世界です。売ろうとしても簡単には売れないのが生命保険の特徴かもしれません。それでも保険を売り続けていかなければいけません。そうしないと生活できない、評価されない、生き残れない世界が保険販売の業界です。

多くの保険営業は個人保険営業から始まり、親や兄弟、友人・知人といった自分のベースマーケットから開拓し、ベースマーケットに行き詰まってくると、キャラクター営業や紹介営業に走ったりするわけです。

個人保険営業を専門にすると、お客様の時間に合わせなければならず、平日の日中は時間を持て余し、逆に夕方以降や土日に仕事が入ることが多くなります。仕事とプライベートのバランスがとりにくいことが多いのではないでしょうか。

ですから、考え方を変えて、比較的余裕のある平日の日中に、中小企業への財務貢献やマーケティングを始めてみてはいかがでしょうか。人生を変えるためには、具体的な行動が不可欠です。法人保険営業に切り替えて、物心両面の成功を掴むための一歩を踏み出していただきたいと思います。

とはいえ、現状では個人保険営業しかできない人もいるでしょう。個人保険営業であっても、成功するための２つのキーワードを心に留めておいてください。

１つ目のキーワードは「伴走支援」です。何を伴走支援するのかというと、お客様の人生ビジョン達成支援です。保険営業の際に行うライフプランニングだけではなく、バランスシートをベースにした人生ビジョンを作ることが大切です。そして本書を参考にしていただき、いつでもお客様に話すことができるようになれば、お客様から必要とされる保険営業員になれます。

２つ目のキーワードは「継続貢献」です。必ずお客様の「ためになる」保険を考えてください。自分たちが売りたいと思う保険を売りつけたり、売りっ放しにするスタイルの仕事をしていると、顧客不満足度が高まり、お客様に頭を下げないといけないような結果が待っています。継続貢献営業をすることで、自分の仕事に誇りを持ち、成功を手に入れることができます。

この2つのキーワードは、個人保険営業だけでなく、法人保険営業でも当然重要な要素となります。すべての保険営業員が常に意識するべきものといえるでしょう。

4 マネージャーと保険営業員との関係

保険業界のようなフルコミッションの世界では、管理職（マネージャー）と営業職の距離が近いものの、そこには深く暗い溝があると思います。

マネージャーが保険営業員に求めることは何でしょうか。それは「効率」と「予算管理」と「結果」です。そして「まずは結果を出せ」と言われます。このセリフに覚えがある人は多いでしょう。

新人の保険営業員は結果を出すために親族や友人・知人といったベースマーケットに頼るわけです。既に面識があって心理的な障壁がない（あるいは低い）状態ですし、安心感もあります。しかし、結果のためだけに保険を売りつけ、売りっ放しにしてしまうと、信頼を裏切ることになり、その人たちは離れていき、やがて自分自身も破滅してしまうことになります。

しかし、この「結果」を求めるマネージャーは、基本的には保険営業をしません。そのため、営業手法を深化させることもできませんし、新人に教えることもできません。

保険営業の生産性は、保険商品を成約できたかどうかで判断されます。したがって管理職であるマネージャーの評価も、自分の管理するチームがどれだけ成約できたかにかかっています。そのためマネージャーは、保険営業員を「とにかく契約を取ってこい」と叱咤激励するのです。

新人教育の一環として、コンスタントな営業活動によって「くじけない心を作る」ことに意味を見出すマネージャーもいることでしょう。「習うより、慣れろ」といった意味合いがあるのかもしれません。

保険営業員自身も、生産性が上がれば自分の報酬も上がるので、一見Win-Winに見えます。しかし、この時Winなのは保険営業員とそのマネージャーだけです。最も勝たせなければならないはずのお客様からすると、「無理に買わされた感」が拭えません。

保険業界は、毎日連続で契約できることが称賛される業界です。1日で5件の契約が取れたとしても、当日は3件しかあげず、残りの2件は次の日の契約として連続成約率を高めることも珍しくありません。こうしたことでお客様に何かメリットがあるのかと言えば、何もありません。

これでは、仕事の目的が「毎日契約を取ること」にすり替わり、それ以外の大切な要素をなおざりにしてしまっています。大切な要素とは、お客様への貢献といった利他的なことや、保険営業員自身が物心両面の成功を得ることです。

保険業界のマネージャー会議では、自分の管理する営業員の契約件数や、何人辞めさせたという話を自慢話として聞くことがあります。契約がとれないヤツは首を切ればいい、と単純に考えるマネージャーの実に多いことか。

私は、採用した側にも責任があると思っています。契約がとれなくて辞めていく人に対して、「あなたには、この業界は合わなかった」と言うくらいなら、最初から採用しなければいいのです。適性を見抜く力がなかったことを自ら白状しているようなものでしょう。

保険業界は、採用した責任を果たしていません。その根本原因の１つが、数字的なノルマを達成しようとするマネージャーの存在ではないでしょうか。マネージャーが自分の成績を維持しようとするなら、自分のコマを増やすのがもっとも簡単な方法です。しかしこれはマネージャーの利己的な動機に基づいたものです。

本来であれば、採用された新人も勤勉努力して保険に詳しくなり、お客様に寄り添うことのできる立派な保険営業員になれればいいのですが、その方法を教えてくれる人がいません。教育するのはマネージャーの仕事なのですが、彼らには成功体験がありません。なぜなら、保険を売り続ける自信がない、と感じた人間がマネージャーになる世界だからです。保険を売り続けられるのであれば、この業界で営業を続けているはずですから。


マネージャーがなすべきことは、求職者を成功させて幸せにするための採用です。マネージャーは求職者に対して成功責任を負っているのです。そのために、マネージャーはもっと勉強すべきですし、もっと現場を、そしてお客様を知るべきです。しかしそれを実行しているマネージャーはそう多くありません。成功責任を果たすことができるマネージャーは少ないということです。これは保険業界にとって、とても不幸なことです。

マネージャーは、一過性の成功ではなく、連続性・再現性のある成功支援を行わなければいけません。それこそがマネージャーの責務なのです。

5 保険営業のあり方とやり方——提供価値は何か？

保険営業の提供価値は何かと考えた時、ぜひとも「適正加入保険支援」を目指してください。

生命保険に加入するということは、死と向き合うということになります。覚悟の有無にかかわらず、人にはいつか必ず死が訪れます。では覚悟が決まる人と決まらない人の違いは何かというと、「人生は無限にある」と勘違いしているかどうかです。私の経験上、人生が有限だと思える人は覚悟が決まりやすいのではないかと思います。

私のクライアントで、28年前に出会った会社経営者がいます。彼はくも膜下出血で２回頭蓋骨を切る大手術を行い、半身不随のような状態になっています。そんな彼から「28年前にあなたと出会い、生命保険を勧めてもらった。その後、会社の状況を把握しながら増額も勧めてもらったことで事業承継ができたし退職金も得ることができた。そして女房の希望を叶えることができた」という内容の連絡をいただきました。

いま現在、現役バリバリで活躍している経営者の中で、自分の経営の終わりを想像できる人は少ないと思います。言い方を変えるなら、自分の人生の終わりをイメージできていないということです。

先ほどの会社経営者のお客様とは、会社の会議のお手伝いをするなど長く関わりを持ってきました。その中で、「法人保険の重要な目的は、大事な人に迷惑をかけないこと」とお伝えしてきました。お客様は、自分に何かあった時、周囲にどのような迷惑をかけるかを理解できていません。そのために保険営業員がいるといっても過言ではないでしょう。

私はお客様に対して、必要な終身保険がこの金額だと思ったら、たとえ「もう少し保険料を下げられないか」と言われても下げることはありません。もちろん、その保険料には根拠があって提案をしていますし、会社のキャッシュを十分に把握し、比率として大きな負担ではないことも理解したうえでの提案です。

このように、連帯保証から始まり、退職金（役員・従業員）、事業承継対策、相続対策といった加入目的をしっかり把握し、現金損益の黒字化支援をしたうえで、お客様の幸せのために、生命保険の適正化、適正加入保険支援を実行していただきたいと思います。

6

提供価値とは？ 継がせられない低付加価値営業

私が所属したソニー生命にはトップ・オブ・エグゼクティブプライフプランナーという営業職最高位があります。昔の仲間でその立場にある人が、「こんな仕事は子どもに継がせられない」と言ったことがあります。その人はどんな仕事をしていたのか、と疑問に思いました。

その人は「法人保険営業」をしていて、経営者と出会った後、食事をしたり、旅行に行くなどして親しくなり、隙を見て保険提案をするのだそうです。まさに低付加価値営業であるキャラクター営業です。当然、その営業手法に再現性はありません。

再現性のない低付加価値営業が低生産性の原因でもあります。逆に、高付加価値営業をすれば、保険営業員は社会から必要不可欠な存在となるでしょう。保険業界再生の要因の1つが「高付加価値営業」にあるといえます。

この「高付加価値営業」については、次章で詳しく見ていくことにします。

第3章
法人保険の高付加価値営業

保険業界の再生には、課題である低生産性と高離職率を解決し、保険営業員が「社会にとって不可欠な存在」となり、「社会課題解決人財」になる必要がある。個人保険営業から、戦略的法人保険営業への転換をはかるため、財務コンサルタントとしての継続貢献営業を目指すべきであろう。

1

社会にとって不可欠な存在になる

現代の日本の課題は、「日本経済を支える中小企業の体質が弱く事業が継続できない」ことにあります。

中小企業庁の資料によると、日本には約380万の会社が存在し、その99・7％が中小企業です。7000万人の労働生産人口のうち、その70％を中小企業が雇用しています。まさに、中小企業が日本経済を支えている実態が、これらの数字からもうかがえます。しかし、残念ながら、中小企業の約7割が損益赤字、9割弱がキャッシュフロー赤字と言われています。赤字決算では、現金が減少し、債務超過、破綻懸念先となり、倒産・破産により不幸の塊を作ります。

さらに、経営者の高齢化問題も深刻です。経済産業省によると、2025年に70歳になる中小企業経営者が245万人にのぼり、その半数は後継者が未定、7割が廃業予定と言われています。この問題を放置すれば、廃業による雇用喪失が650万人（これは千葉県の人口628万人に近い数字です）、経済損失が22兆円と推計され、さらに日本経済を停滞させます。

赤字で債務超過の会社経営者に、その要因を訪ねると、「経理が作った再生計画がずさんだった」とか、「コロナが原因だった」などと言う経営者がいます。つまり、悪くなった原因は経営者である自分にはなく、赤字で債務超過になった責任も自分にはない、そんな経営者が少なくないのが実態です。業績悪化の事実を真摯に受け止めて、謙虚に反省し、自責の念を持ってはじめて、再生の起点に立つことができるのです。

この中小企業の赤字という財務問題と事業承継問題を、法人保険営業員が伴走支援し、解決することで、保険業界の再生と、課題である低生産性の解決、つまりは高生産性にすることにつながります。もちろん、この社会課題を解決することは、そう簡単ではありません。

まずは、経営者の立場で考えてみてください。頻繁に訪ねてくる保険営業員が保険の話しかしない。そんな営業に魅力を感じるでしょうか。

経営者が求めているのは経営の話ができる人です。しかも、経営者から話を聞くだけでなく、こちらからアドバイスして差しあげることも重要です。そのためにも法人保険営業員は継続的に自己投資をして学び、お客様である経営者にとって価値のある人間にならなければなりません。

なぜ、中小企業支援が必要なのでしょうか。一言でいえば、幸福のためです。日本経済を支える多くの中小企業を強くすることで、経営者から従業員まで幸せにする。それが継続貢献だと思っています。

保険営業員の皆さんには、ぜひ経営者から、未来像や将来展望など、人生のビジョンを聞いてほしいと思います。「会社を大きくしたい」とか「売上をもっと増やしたい」などと答える経営者が多いかもしれませんが、保険営業員が関わる中小企業支援とは、会社を強くし、従業員を守り、人の幸せを守ることにあります。

「どんなビジョンをお持ちですか。ご家族を守ることはもちろんでしょうが、従業員を守ることも重要なビジョンになりませんか」と聞いてみるのもいいでしょう。

ぜひ、社会から必要とされる存在になってほしいと願います。

2 経営者の能力とは

「企業価値」をわかりやすく言い換えると、「会社の強さ」です。会社の強さは経営者（社長）の能力で決まります。社長の能力は、責任感と知識と実践力で構成されます。

では、社長の責任感とは何でしょうか。決して経営がうまくいっていないのに、なぜそんな行動を取るのか、なぜ変われないのか、そう思わざるを得ない社長がいます。そこに社長の責任感の問題があるのです。

私たちも同じでしょう。自分の人生に対する責任感や家族に対する責任感など様々ですが、責任感があるから勉強が必要なのです。

私は常々「すべての経営者がお客様ではない」とお話しししています。変革できる人でなければ、お客様にはできません。この変革できるという点も責任感の１つの表れでしょう。

ニデック株式会社（旧・日本電産株式会社。本社・京都）を創業した永守重信さん（現会長）は、「数字オンチが会社を潰す」と語っています。最近、後継者問題で注目を集めているニデックは、50年前（1973年）に永守さんら3人がゼロから立ち上げたモーターの会社です。創業当時から「世界一になる」と目標を掲げ、世界に名をはせる企業となっています。

経営者にとって重要なのは、会社の数字です。それはすべて決算書に表れています。しかし、これほど重要な決算書を読むことができない経営者が非常に多いのも事実です。そして、数字を読めない経営者の会社はたいてい弱いのです。ですから、法人保険営業員が決算書の数字の読み方を教えてさしあげることが重要になるのです。

一方で、「節税」という言葉に飛びつく経営者も少なくありません。しかし、節税の本質は、せっかく出した利益を潰（つぶ）す行為であり、企業価値を毀損してしまう行為です。中小企業が弱い要因の1つに、節税に走る中小企業経営者が大勢いることがあげられます。税金を支払うのはもったいないという意識が強すぎるのです。しかし、税金を支払わなければ、会社にお金は残りません。お金を残すためには税金を支払う必要があるのです。この点については、第5章で詳しくお話しいたします。

3 生命保険の本質を知る

ここで、保険営業員が提供する商品である生命保険の本質を確認しておきましょう。人にはいつか必ず死が訪れます。しかし、それがいつかは誰にもわかりません。だからこそ、死ぬ時は身近な人に金銭的な迷惑をかけないように生命保険が必要になるのです。現代社会では、人が生きていくためにはお金が不可欠です。だからこそ生命保険を使って、残された身近な人のために、お金の備えをしておくことが生命保険の本質的な目的です。

この生命保険の本質的な目的が理解できてはじめて、生命保険に入る理由がはっきりするのではないでしょうか。そうすれば、お客様も納得して生命保険に加入してもらえるでしょう。逆に、生命保険の目的や理由が理解されなければ、いつまで経っても加入することに納得していただけない可能性があります。保険を契約したあとに、「何のために保険に入ったのか？」というお客様がよくいらっしゃいますが、これは多くの保険営業員が、生命保険を損得だけで販売しているからだと思います。つまり、生命保険の本質的な目的や、会社にとってどういう意味があるのかについて、何の説明も受けていなかったということです。

中小企業経営者は、従業員退職金対策、役員退職金対策、事業承継対策、相続対策、連帯保証相続対策など、様々な対策をしなければなりません。中でも、事業承継対策は、企業の存続に直結する重要な課題です。事業承継の際には、財産の承継もしなければなりません。財産や財務を毀損せずに承継することが、事業の存続に求められるからです。それを実現する際にも、生命保険は強力な武器になります。

保険営業員は、財産分割や納税資金についてまで、きちんと話をする必要があります。これらのことを理解いただいたうえで、保険営業員にすべて任せてもらえるよう、継続貢献営業をすることが重要なポイントになるでしょう。

4

保険営業員に企業財務の理解が必要なのはなぜか？

歴史ある保険業界ですが、低生産性と高離職率が長年の課題となっています。

高離職率の原因は報酬制度にあります。報酬制度とは、固定給のないフルコミッションであることと、保険販売手数料は１年分しか支払われず、儲かるのは保険会社だけという現実です。特に一家の大黒柱が転職したとなれば悲惨です。低生産性は所得の減少に直結し、離職勧告を受ける頃には多重債務者となり、これまで破産と一家離散をした仲間をたくさん見てきました。時には不祥事や犯罪に手を染める人もいます。それを保険会社は自己責任として処理します。会社側には雇用責任とか成功責任はないのでしょうか？

一方、法人保険営業における低生産性の原因は、「節税保険を損得勘定で販売すること」です。最悪の節税保険が「名義変更プラン」です。法人で数年間保険料を負担し、その後、経営者個人に名義を変更し、解約をして個人で利得を得るものです。体のいい「特別背任保険」で、株主から刑事告訴されても仕方のない保険契約といえます。

最大の問題は、会社に損害を与え個人で利得を得るという違法行為である「特別背任保険」を、業界をあげて販売したことです。この点については、監督官庁である金融庁が問題視し、節税メリットを封じ込める対策を打ちましたが、節税保険がなくなったわけではありません。いまもなお、残った損金性と過去の運用実績をもとに、損得勘定で責任の取れない保険販売を会社ぐるみで行っているところもあります。

節税保険は過去においてもたくさんありましたが、規制により、さらに形を変えて存在し続けてきました。今後も規制の網をくぐり抜けて、新たな節税保険が損得勘定で販売されることでしょう。

低生産性の真因は、保険業界に古くからはびこる利己精神で、「売れればいい」「売る人が偉い」「儲かればいい」という利己文化が元凶です。大切にすべき原理原則（普遍道理）である「理念なき金儲け目的の経営は、必ず躓き破たんする」が、当然のように行われている業界なのだと思います。保険業界は、あり方とやり方を変えなければなりません。

では、どうすれば高付加価値化ができるのか、どうすればお客様に対する最大貢献ができるようになるのでしょうか。その答えが、第2章でも少し触れましたが、「法人に対する財務貢献」です。

個人保険営業では、どれだけ一生懸命に仕事をしても、一部の天才的な保険営業員以外は突出した収入に結びつきません。仕事に打ち込めば打ち込むほど、身体の疲労とお客様の不満が蓄積するだけなのです。

だからこそ、私は企業の経営者をお客様とした法人保険営業のほうが合理的だと考えるのです。経営者をお客様にするのであれば、自分が得意な業種で営業をすることができますし、人脈がある業種という観点から新規開拓をしていくこともできます。

お客様は、あなたが考えるほどあなたのことを知りません。最初に名刺交換をした時点では、「保険営業の人」以上の存在ではありません。

生命保険とは、お客様に契約書や告知書等に署名捺印していただいてお申し込みをいただき、場合によっては健康診断を受けていただかなければいけません。お客様がこうした手間を惜しまずに行動してくださる要因は「信頼」ではないでしょうか。信頼があるからこそお客様は手間をかけてまで保険申込みをしていただけるのです。

お客様との信頼関係の構築は、お客様との話の内容で決まります。お客様に会って何を話すかが重要です。楽しい話ができる人は大勢います。野球やゴルフの話、趣味の話など、話題を提供することはそれほど難しいことではないでしょう。

しかし、経営者がそのような楽しい話に本気で興味を示すでしょうか。経営者が本当に関心を持つのは、自社の経営についてです。経営をより安定させ、後継者に円満に承継することが、経営者にとっての最大の関心事です。

法人保険営業の基本は、「経営者の人生を具体的に良くする価値を提供すること」です。中小企業を元気にすることは、日本経済を元気にすることにつながります。このような大義を持った仕事をしていただきたいと思います。

では、経営者は法人保険の営業員に何を求めているのでしょうか。経営者にはビジョンがあり、そのビジョンを達成するための情報を求めています。「情報」は言い換えると「財務を健全化する方法」です。

会社の財務は決算書に反映されます。決算書は経営者の通信簿と言えるもので、金融機関が行う取引先企業の格付けも決算書に基づいて行われます。企業の信頼は、財務が健全かどうかにかかっています。そして生命保険という商品は、財務を健全化するための部品になるのです。

つまり、法人保険営業において財務知識は必須といえます。

5

法人保険の売り付けではなく求められる真の中小企業支援

日本には真の中小企業支援者がいない（極端に少ない）のが現状です。

経済産業省の調査によると、1999年に約485万者あった法人の数が、2022年には約367万者に減少しました。減少した法人数は約118万者――なぜ、これだけの法人が減少したのでしょうか？　それは真の中小企業支援者がいないことも、その要因の1つと言えるでしょう。

私は、中小企業支援という仕事は、銀行員や税理士が担うのではなく、保険営業員の仕事ではないかと思っています。

そもそも中小企業支援というと、銀行、それも法人担当の銀行員を思い浮かべる方も多いでしょう。

全国銀行協会の全国銀行財務諸表分析によると、2022年3月末の全国110行の職員数（長欠・休職者含む、嘱託・臨時雇員除く）は、約27万人とのことです。一部の銀行は、昨今の低金利競争により、本業利益が出せない苦しい状況で、その穴埋めとして、金融庁が問題視した販売手数料の高い「仕組み債」のような高リスク金融商品を、その優越的地位を乱用して弱い立場の取引先企業に販売し、手数料稼ぎを行っていました。実際に私の顧問先企業には、企業が希望した「当座貸越」３億円を増額するタイミングで、銀行が子会社である証券会社の担当者を連れて来て、値下がりリスクの高いトルコリラ建ての仕組み債を、十分なリスク説明をすることなく1億円購入させたケースがあります。その仕組み債は、約半年で時価が10分の１になり、その企業にとっては大事な現預金が９０００万円も減少してしまったのです。

もちろんこんな悪い事例ばかりではないでしょうが、私が聞く限りでは、取引先の未来を良くすることではなく、利己の手数料稼ぎで取引先企業に金融商品を売り付けたり、コンサルティングを売り付けてそのコンサルティング会社からキックバックを受けたりする銀行員は多く、真の中小企業支援者といえる銀行員は少数派であるように思います。

さらに、２０２３年以降、ゼロゼロ融資の返済が始まり、昨今のエネルギー高や原材料高騰により、赤字に喘ぐ中小企業が増加し、企業倒産も増えています。そんな中で、銀行の収益悪化の穴埋めとして金融商品販売を強化し、手数料稼ぎを加速させている環境にあるようにも思えます。そのほか行内の人事評価上、金融商品を販売して手数料を稼がないと昇進できないことや、癒着防止のために2~3年に一度行われる転勤も、中小企業支援の妨げになっている原因の1つではないかと思っています。

一方、現在、税理士の登録者数は2023年末時点で8万1000人ほど（日本税理士連合会ホームページより）ですが、基本的に、税理士は「記帳代行と税務申告」を行っていればよいと考えている税理士が多数派で、顧問先企業の未来を良くすることや、企業継続に貢献するという考え方は少数派といえます。記帳代行や税務申告は基本的業務であり、高付加価値とはいえません。

税理士の思考の中心には、その仕事柄、「税金」があります。気の利いた税理士は節税提案をすることが多いのですが、それは、経営者の「税金を支払うことはもったいないこと」という間違った価値観から、大事な利益を失い、企業価値の棄損につながっています。これでは、いつまで経っても、誰からも評価・支援されない会社になってしまうのです。

節税が問題なのは、大事な利益をつぶし、大事なキャッシュをなくすことになるからです。実際に、決算月の異なる会社を複数作り、利益を付け回すことで節税し、企業価値を棄損させた結果、成長戦略を実現するための設備投資資金の調達を銀行から断られた事例もあります。「税金を支払わなければ、会社にお金は残らない」が真実なのです。

事業承継においても同様に、節税に焦点を合わせるとお客様である経営者をミスリードします。たとえば承継すべき自社株式を、経営者の子ども3人とその配偶者3人、その子ども（経営者にとっては孫）6人の合計12人に１１０万円の贈与税非課税枠を使って暦年贈与をするアドバイスする税理士がいるのも事実です。これでは、分けてはいけない自社株式が分散してしまい、その結果、後継者が経営権を確保できずに、経営権争いに発展するような火種を残す事業承継にしてしまいます。

このように、現状では、真の中小企業支援者は極端に少なく、経営者は孤独な状況で置き去りにされているのが実情です。

6

保険営業員が企業財務を理解するメリット

法人保険営業でも、貢献することができなければ、保険を売るだけ売って、売りっ放しになり、顧客不満足の塊を作ります。では、どうすれば保険営業員は長く成功を続けることができるのでしょうか。その成功のあり方とやり方が「継続貢献営業」です。付き合うべき経営者に寄り添い、継続的に経営課題を解決し、信頼を構築し、すべてを任せていただくことです。そして、追加の新契約により高値安定経営を実現することで、長く成功を実現するのです。

保険営業員が企業財務を理解することで、高付加価値化による高生産性につながります。中でも、「社会課題の解決」は高レベルの付加価値と言えます。

では、社会課題とは何でしょうか？　それは、日本経済を支える中小企業の低生産性が、低幸福度につながってしまっていることでしょう。

さらに、前述したとおり経営者の高齢化問題もあります。経営者が高齢になっていても、後継者が未定のため、廃業を予定している企業が多数あることが、今の日本経済の実態です。廃業するといっても、負債をすべて現預金で返済できなければ廃業はできず、残る選択肢は破産しかありません。

また、別の視点からも日本の社会課題を考察してみましょう。

２０２３年12月、「ＩＭＦの調査によると、日本の生産性はドイツに抜かれて4位に転落する見通し」という報道がありました（２０２４年2月15日に内閣府が発表した２０２３年の名目国内総生産（ＧＤＰ）はドイツを下回り世界4位に転落）。２０００年では、日本のＧＤＰはドイツの2・5倍、世界第2位でした。その後、所得は減少し、明るい未来が描けず出生率の低下、少子高齢化の進展が、さらなる国力の低下につながり、２０２３年の世界幸福度ランキングは47位という結果でした。

中でも、中小企業の生産性が著しく低く、そのため赤字比率が上がり、倒産企業が増加して不幸な人を増やすのです。

このような中小企業の経営環境を理解したうえで、保険営業員にとって法人保険営業をするメリットは、法人には組織があり、そこに働く従業員がいるため、生命保険の必要性が多く存在するからです。

多くの経営者は事業承継の重要性は認識していますが、そう深くは考えていません。ですから、保険営業員が本質的な問題を浮き彫りにすることで、経営者がその問題の深さに気づいた時、「では、どうやって解決すればよいか」と悩むでしょう。そこで保険営業員が、「このような解決策があります」と提案します。

前著でも触れましたが、事業承継のあるべき姿は、「もめない、困らない」というものです。どんな経営者でも、もめたりしたくはないのですが、経営者の希望によっては、それが「もめる原因、困る原因」になる可能性があります。

たとえば、その1つが「過度な節税」です。税金ばかりに意識が向いてしまい、相続上のトラブルに発展してしまうことがあります。正しい知識を持って、適切なアドバイスを行い、弁護士や税理士などの専門家と連携して、円滑に事業承継を実現す役割が保険営業員に求められるのです。

7 企業財務を学ぶことで顧客との信頼関係がどう変わるか？

キャラクター営業に依存している保険営業員の中には、お客様に役立つ専門知識の習得を疎かにしがちな人がいます。そのため、経営者に対して貢献できるアドバイスができません。経営者から何か質問されても、答えられる自信がないからです。そのこともあってか、キャラクター営業で乗り切ってきたのでしょう。しかし、その営業スタイルには限界があります。いつか必ず、賞味期限が切れます。キャラクター営業はお客様の役に立つことができない営業スタイルなのです。

営業の原理原則は、「すべての契約ごとの源泉は信頼関係にある」です。では、信頼を構築するにはどうすればいいのでしょうか？　それはお客様への貢献です。その貢献にもレベルがあります。最上位の貢献が、前述した「社会課題の解決」です。経営者自身にもできないレベルですし、顧問税理士や銀行員にもできないレベルの貢献といえます。

具体的には、日本経済を支える中小企業の「財務問題の解決」と、「事業承継問題の正しい解決」です。財務問題とは、端的に言えば、「お金が不足している経営を、お金が残る経営に変革するための支援を行うこと」です。事業承継問題の解決とは、「もめない、困らない」事業承継です。これまで、事業承継に取り組む支援者は、自分の得意な事業承継パターンを顧客に押し付け、顧客に選択肢を与えていない（または、選択肢を与えるプロセスを踏んでない）傾向にあったと言えます。

継続貢献営業とは、「付き合うべき経営者に、長きにわたって貢献していく中で、すべてを任せてもらえる営業」です。保険営業員の中には、常に新しいお客様から新契約をいただくことが仕事であると勘違いをしている人が多くいます。しかし、そうではありません。「財務」を通じて生命保険という部品を効果的に活用することで、企業価値を高める伴走支援を行い、同じお客様から、追加で新規契約をいただくことで、高値安定経営を実現していくことができるのです。

継続貢献営業により、固定客を作り、お客様の抱える問題解決を行いながら、信頼関係を構築していくことが、目指すべき本質的成功「物心両面の成功」につながるのです。

8 財務貢献を果たすためB／Sを知る

企業価値を継続的に高めるための経営支援を行うには、決算書を正しく深く読む力が必要です。決算書の数字の意味や原理原則を理解し、現在地（現状）と目的地（理想）を知り、その差を埋めるための思考や行動を知ることができます。つまり、決算書の分析の目的は、現状把握と問題抽出、そして原因の究明を行い、解決策を導き出すことです。さらに、企業価値や経営者の人格・能力、銀行からの信用・信頼の度合い、将来の可能性などがわかります。

決算書は、「社長の通信簿」であり、「経営活動すべてが数字で表記されている」ものです。また、「社会的評価を受ける」ものでもあります。

では、誰からの評価が最も重要でしょうか？　それは、「銀行」です。なぜなら、多くの場合、中小企業の資金調達は「間接金融」、つまり銀行からの融資で賄われているからです。

もし、必要なお金を借りることができなければ、その会社の運命はどうなるでしょうか？それだけ銀行からの評価は重要です。では、はたして銀行からの評価を意識して決算書を作っている経営者は、どれだけいるでしょうか？

決算書は、貸借対照表と損益計算書で構成されています。貸借対照表は会社の過去の蓄積を表し、損益計算書は会社の儲ける力を表します。財務貢献とは、「調達と運用を最適化し、利益を最大化する行為」で、こうした決算書の数字を良くすることです。

その中でも特に貸借対照表（バランスシート：以下B／S）は重要です。資産・負債・純資産で構成され、会社そのものを表します。調達と運用や会社の安定性、経営者の人格や能力などが読み取れます。

B／Sは調達と運用を表します。誰のお金で何を持つのか、という意味です。

表の右側は調達で、誰のお金を集めたかを表し、負債と純資産で構成されます。負債は他人資本、つまり他人のお金ですから、返すか支払う必要のあるお金です。純資産は株主が準備した資本金と、会社がこれまで稼いだ利益剰余金です。純資産は自己資本、つまり自分のお金ですから、返したり支払う必要はありません。解散価値とも言われます。

表の左側は運用で、資産として表します。資産は会社の持ち物という解釈で、その総額が総資産（資産合計）です。

資産と負債は、流動と固定に分けられます。流動か固定かの判断は「ワンイヤールール」、つまり、１年以内かどうかで判断されます。１年以内に現金化するものは流動資産、１年を超えるものを固定資産、また、支払期限が１年以内に到来するものを流動負債、１年を超えるものを固定負債と言います。流動資産であれば、本当に1年以内に現金化が可能か、という視点が必要です。

そのうえで、継続貢献営業を果たすために、保険営業員が知っておくべきポイントは次のとおりです。

①悪勘定を作らない

決算書で最も注意したい勘定科目に、「悪勘定」があります。それは、「貸付金」「立替金」「未収入金」「仮払金」です。この悪勘定があると銀行は評価を下げてしまいます。

これらの勘定科目で問題なのは、お金が誰に渡っているかです。仮に、貸付金が社長自身に渡っていたらどうでしょうか？　公私混同するダメな経営者だと思いませんか？　銀行は、それをどう思うでしょうか？

銀行は、企業の成長と発展を目的に、資金使途（使い道）を明確にして契約をして融資をするのです。その融資金を社長に貸し付けているとしたら言語道断です。迂回融資となり、場合によっては資金使途違反、契約違反行為になる可能性もあります。もちろん、他の会社や他人に貸している場合も同様です。こうした契約違反行為をする経営者を銀行はどう判断するでしょうか。このような会社に銀行は本気の支援をすることはありませんから、経営危機に陥っても助けてはくれません。

私自身、自分のお金も会社のお金も他人に貸したことがあります。金額の多寡は別にして、貸したお金は返ってこないと考えたほうがよいでしょう。貸した分だけ現預金が減り、B／Sを棄損します。額が大きければ会社を窮地に追い込まれます。よく考えてみると、お金を借りに来る人は、人生経営に問題があるのです。付き合うべき相手ではないでしょう。

これらの悪勘定があるB／Sでは、銀行から経営自体を問われます。会社の大事なお金は、決して貸してはいけません。

②棄損資産を作らない

棄損資産は売掛金と棚卸資産に発生することが多くあります。売掛金とは、請求書を出して入金されていない状態です。仮に、その売掛金が５０００万円で、請求書を出したのが10年前なら、はたして本当に入金（現金化）されるでしょうか？　これが棄損売掛金です。

棄損棚卸資産も同様です。仮に、仕入れた商品在庫が５０００万円で、仕入れたのが10年前だとしたら、この５０００万円は現金化されるでしょうか。

資産価値とは、「その金額で現金化できるかどうか」です。そう認識すれば、正しいB／Sの見方ができます。

③含み損益

含み損益は、相場で価格が動く資産（相場資産）に発生します。相場資産とは、土地・株・為替・会員権などです。

相場が存在し、日々価値が変動し、買った時の金額（簿価）より、現在の価値（時価、いくらで現金化できるか）がマイナスであれば含み損、プラスであれば含み益です。

そこで考えてみます。その資産は何のために保有しているのでしょうか？　資産を保有するということは、その分会社の現預金が減ります。大事な現預金を減らしてまで、本当にその資産は必要なものでしょうか？　資産保有の目的は本業利益を生むためのものであるということが、原理原則です。

では、本業利益を生まない資産には、どのようなものがあるでしょうか？　たとえば、マリーナに停泊する高額船舶、身の丈に合わない高額車両、社長が住む社宅など。どれも本業で利益を生まない資産です。これらを持つことで、会社の大事な現預金が減少し、またコロナ禍のような経済危機によって赤字になったら、現預金がなくなり、会社は潰れる可能性が高まります。

このように、資産の持ち方（お金の使い方）を間違えば会社は弱くなります。

9

B／Sからは経営者の人格と能力もわかる

B／Sは過去からの蓄積が数字として表わされたものです。資産の蓄積、負債の蓄積、純資産の蓄積という3つの数字から、経営者の人格と能力が見えてきます。

まず、資産の蓄積である資産内容は、経営者の人格を表します。たとえば、身の丈に合わない自社ビル、本業の利益を生まない投資有価証券（株等）、社長が遊ぶためのゴルフ会員権など、会社の大事な現預金を減らしてまで持つ、その資産の目的は何か、という着眼を持つと、経営者の本質が見えてきます。

また、負債の蓄積からは、経営者の依存心と責任感を見ることができます。「借金をしてまでその資産を持ちたいのか」「会社のお金ではなく、自分で稼いだ利益で、その資産を持つべきではないのか」という着眼です。

純資産の蓄積としては、利益剰余金から経営者の能力（稼ぐ力）を見ることができます。利益剰余金を経過年数で除した「年平均利益剰余金」で収益力（稼ぐ力）を計ることができます。

10

「調達と運用」から誰の金で何を持つのかがわかる

中小企業が目指すべき経営（正しい行先）は「自己資本経営」です。

仮に、自己資本比率10％とすると、他人資本比率90％ということです。他人資本とは他人のお金ですから、いずれは返すお金、支払うべきお金、要するに出て行くお金です。つまり、他人のお金9割で経営して、資金繰りが楽なはずはないのです。

自分のお金で経営をすることで経営を安定させることができ、利害関係のある人全員を幸せにすることができます。自己資本経営とは実質、無借金経営ともいえ、自己資本比率50％以上、会社の現預金で借金をいつでも完済できる状態を言います。

こうした自己資本経営を実現するには、経営者に次のような取組みを実践してもらわなければいけません。

㋐社長の定位置は顧客のところ

社長の定位置は顧客のところです。お客様のところに行かなければ、お客様の真のニーズも、お客様が抱える問題も、変わりゆく変化もわかりません。真のニーズがわからなければ、高付加価値化の実現もできず、低生産性からの脱却はできません。低付加価値経営では、お客様の選択理由が「値段の低さ」だけとなり、それでは利益が出せず、B／Sが良くならない経営です。

㋑手形取引にも注意

受取手形は売上債権を増やし、本来の現預金を減らします。増えた受取手形が不渡りになると、その分赤字になり、現金を減らし、B／Sを棄損させます。受取手形を受け取るのはできるだけ避けるようアドバイスしてください。

一方、支払手形はなぜ存在するのでしょうか？　それは、「自社にお金がない」からです。支払手形は比較的短い期間で決済（現金化）しなければなりませんが、その時点の当座預金残高が決済金額よりも少なければ「不渡り」となってしまいます。そうなると、すべての金融機関で不渡り（手形事故）情報が共有され、新規融資は受けられなくなり、最悪の場合、倒産します。

「不渡りを防ぎ、自社を潰さないためにも、いずれ、支払手形も受取手形もなくしていきましょう」と経営者にアドバイスしてください。

なお経済産業相は、2026年をメドに約束手形を廃止し、手形と同様の機能を有する電子記録債権の利用を促す方針を示しています。電子記録債権も手形と同様の機能を有しますから、安易な利用は禁物と言えるでしょう。

11 保険営業員が決算書を深読みする際の視点

最後に、決算書を見る際の注意点を、いくつかご紹介します。次のような観点で、経営者に寄り添い、アドバイスしてください。

●あってはならない負債勘定「租税債務」

租税債務は、税金や社会保険料の未納を表すＢ／Ｓの負債勘定です。国民の義務である租税債務の未納は、社会からの評価をマイナスにします。銀行からの支援を受けられないだけでなく、課税当局から悪質と判断された場合、差押えが行われます。銀行口座が差し押さえられると、期限の利益に抵触することとなり、銀行は融資の一括弁済を迫ります。そうなると、一気に倒産の可能性が高まります。

経費は本業の利益を生むために使うもの

本業利益を生まない経費とは何でしょうか？　それは「接待交際費」です。接待交際しなければ仕事を得ることができないほど、弱い経営なのでしょうか。

ある会社の社長は、債務超過でありながら毎年1000万円もの接待交際費を使います。接待交際費がなければ、その分利益が増えて、銀行からの評価を得られる決算書に近づくのですが、いくらアドバイスしても聞く耳を持ちません。社長に甘えがあるのです。その結果、企業価値を棄損させます。経営者の弱さが会社の弱さに反映するのです。

会社を良くするのは経営者自身です。保険営業員も、誰と付き合うかによって、自身の成功にも影響を与えます。付き合うべきお客様は、アドバイスを聞いて「変われる経営者」と考えるとよいでしょう。

利益は3つに分けられ「続く利益」を重視する

利益には「出た利益」「出した利益」「続く利益」の3つがあります。出た利益は、偶然、たまたま出た利益、出した利益は、意志をもって目標を定めて出した利益、毎月毎年、続けて出す利益が続く利益です。利益の種類は、月次残高試算表と損益推移表を確認すれば判断できます。

どんな業種でも、強い会社にするためには、「続く利益」に変える必要があります。では、どうすればいいでしょうか？　それは顧客や取引先との信頼構築です。信頼が構築された顧客や取引先は固定客（常連客）になります。

どんな業種でも同業者間で差が出ます。たとえば、コロナ禍で苦しんだ飲食店では、赤字で潰れた会社もあれば、黒字を継続した店もあります。経営の差が利益の差に反映します。

では、どうすれば固定客を増やすことができるのか？　それを追求することが経営で、それを実現するのが、後述する「理念経営」で「高付加価値経営」です。

お金が足りない経営は避ける

会社は赤字でも、しばらくは潰れませんが、お金がなくなると潰れます。お金がなければ給与の支払いも、借金の返済も、仕入先への支払いもできなくなり、商売ができなくなります。

損益計算書（Ｐ／Ｌ）は会社の儲けを表しますが、Ｐ／Ｌからはお金が残るか足りないかはわかりません。たとえお金が足りない経営でも、黒字になれば税金を納めなければならないのです。しかるに、損益計算書は「納税計算書」とも言えます。

●「現金損益®黒字最大化」を目指す

私は常々、経営では「現金損益®」が重要であり、現金損益®が黒字になるように企業を支援することが、継続貢献営業であると言ってきました。現金損益®とは、端的に言えば「出ていくお金（現金）と入ってくるお金の差額」のことです。現金損益®が大きく黒字なら、企業は成長していくといえるでしょう。

現金損益®はB／Sの影響を受けます。弱いB／Sは現金損益®を赤字にします。他人資本が多い経営では、出て行くお金が多いからです。逆に、強いB／Sであれば現金損益®を黒字にします。自己資本が多いからです。

では、保険営業員の最大貢献である「現金損益®黒字最大化」を、どうすれば実現できるかを考えます。

まずは利益を増やすことから検討します。利益の増やし方は、利益構造から何を足し（増やし）、何を引く（減らす）のか、そして「出た利益」を「出した利益」に変え、それを「続く利益」にするにはどうすればいいのか？　このようなことを経営者自身が気付き、決めて実行することです。私の経験則ですが、経営者自身が覚悟を決めて実行すれば、利益は増やせるはずです。

企業経営の本質は、継続して雇用責任を果たすことで、従業員の人生を守ることにあります。会社が弱いと、守ることも幸せにすることもできません。

保険営業員は、「企業継続実現支援」に焦点を当て、最大貢献である「現金損益®黒字最大化」を行うことで、高付加価値化と高生産性を実現してください。

●税引後当期利益と利益剰余金の関係を理解する

損益計算書（P／L）の最後の税引後当期利益は、B／Sの純資産の勘定科目の1つ「利益剰余金」に関連します。当期利益が黒字であれば、その金額が利益剰余金を増やし、自己資本比率を上げて自己資本比率50％以上の自己資本経営を実現します。逆に税引後当期利益が赤字だと、その金額が利益剰余金を減らします。赤字が続けば現預金が減り、債務超過になり、破綻懸念先となっていつか潰れてしまいます。

お金の使い方を間違えない

　間違ったお金の使い方とは、本業利益を生まない資産を持つことと、本業利益を生まない経費を使うことです。これらすべてが、大事な利益と現金を減らす行為です。やるべきこととやってはいけないことを、正しく決めて実行する経営者になってもらうよう、保険営業員として成長支援を行ってください。経営者の数字の弱さ（知らないからできない）を克服するような教育支援が中小企業支援の本質です。

12

会社契約の生命保険適正化（正しい加入目的）

現金損益®黒字最大化を実現するため、そして経営責任体制を構築するために、会社契約の生命保険の適正化を行います。

人はいつか必ず死ぬことになるのですが、問題はその時期を選べないということです。そこで、経営者に質問してみてください。「どんな経営の終わり方をしたいか？」と。その答えは様々でしょうが、経営者ならまず「最低限、人に迷惑をかけずに終わりたい」という人が多いでしょう。迷惑をかけずに終わることができてはじめて、いい終わり方が実現できるのです。

保険の適正化で最も重要なことは、「正しい加入目的」です。具体的には、生命保険の加入目的が「人に迷惑をかけない終わり方」になっていることです。しかし、残念ながら大半が正しい保険加入ができていません。その主な原因は、保険を販売する側が損得で勧誘しているからです。その一例こそが、前述した節税保険の販売問題であり、金融庁が問題視し、制度を変えて節税メリットを下げて封じ込めましたが、規制をかいくぐって、まだ販売側の損得で販売され続けています。最悪の節税保険は、前述した「名義変更プラン」です。これほどではないにしろ、正しい加入目的で加入できてない契約が多いのが実情で、正しい加入目的への是正が必要と考えています。

正しい加入目的は、「人に迷惑をかけないこと」です。では、経営者が死亡したら、誰にどんな迷惑をかけるのか？　次の項で解説します。

13 どんな経営が会社を悪くするのか？

企業価値を毀損する経営とは、どのようなものか、そして経営改善の着眼点は何か、解説しましょう。

●企業価値を棄損する経営の例

1. 計画なき成り行き経営：目的・目標・手段のない成り行き経営
2. 理念なき利己経営：目的が金儲けであるため、いずれつまずき、破綻する経営
3. 数字オンチ経営：数字が読めない、原理原則も知らない、現在地も目的地もわからない、どんぶり勘定経営
4. 依存経営：景気や元請、卸売、銀行などに依存し、口を空けて仕事を待ち、やがて切られて潰れる経営
5. 無責任経営：決めない・実行しない経営

経営の可否は必ず数字に表れ、数字が悪い場合は、前記のいずれかに該当します。もちろん、複数に該当することもあるでしょう。大事なことは、強い会社にするために「変革（イノベーション）」を促すことです。経営計画がないのであれば、計画の策定を支援し、計画の実践を支援します。数字が読めないのであれば、数字に強くなるように教育支援をします。下請経営であれば、下請けの脱却を支援してください。

私の経験則ですが、過去の経営数字はあまり関係ありません。「決めて実行できる経営者」や「変われる経営者」を自分のお客様としましょう。保険営業員の教育支援を素直に受け入れて、できる経営者に変われる人かどうか。これができる経営者がお客様となるのです。「顧客」をそう定義すれば、双方にとってメリットが明確になるでしょう。

前項で、経営者が死亡したら、具体的にどんな迷惑がかかるのか、と問いました。次のような可能性が想定されます。

経営者の死亡退職で起こる可能性（例）

・まずは大混乱を起こす。求心力を失い、顧客が離脱し、赤字になる。
・仕入先から支払条件の改善を迫られる。
・リーダー的社員が社員や顧客を連れて退職。赤字の増加と退職金支払いが発生する。
・次の代表取締役が決まらず、死亡保険金請求ができない。
・代表者の死亡は債権保全が必要な事由発生に該当し、銀行が期限の利益の喪失を通告し、借金の一括弁済を求めてくる。
・相続人（家族）が10カ月以内に相続税の納税ができない（譲渡制限株式は物納不適格財産のため）。
・連帯保証を相続し、相続人（家族）が借金の保証人になり、会社の返済について保証人に返済を求められ、自己破産する。
・経営者の相続財産が自社株偏重で、本来は分けてはいけないが、遺産分割協議で分けざるを得ず、経営権をめぐる骨肉の争いになってしまう。
・M&Aで親族外承継を進めていたとしても、破談となってしまう。
・資金繰りをする人がいなくなり、デフォルト（債務不履行）を起こして倒産する。

このように、経営者の死亡退職は、様々な人に影響を与える可能性があります。ですから、死亡保険金の設定は、損得で決めるべきではないのです。保険営業員が経営者と真正面から向き合って経営の終わり方を話し、必要な対策を決めて行ってもらうべきです。たとえば、「財務基盤を強化し、自己資本経営を1年後までに実現する」「後継者を決めて家族会議を開き、財務開示を行い、合意後に後継者教育を始める」など、あらかじめ決めて実行してもらうとよいでしょう。

法人保険営業では、顧客の選択基準を明確に持つべきです。少なくとも、「自分の死んだ後のことは関係ない」などという無責任な経営者は、顧客にすべきではありません。そして、支援する側は「責任のとれる仕事」を行ってください。生命保険の機能は保障と貯蓄です。損得保険ではそれは実現できません。

以下に、生命保険の主な加入目的を記します。

1. 連帯保証対策（借金返済対策）
2. 家族への死亡退職金（生活費、納税資金、分割対策など）

3. 自社株金庫株買取資金対策（相続財産の流動化）
4. 役員死亡・生存退職金対策（社会通念上妥当）
5. 従業員死亡・生存退職金対策（退職金規程、退職給付引当金）
6. 経営者の相続対策（遺産分割と納税資金）

生命保険加入目的の優先順位は、会社のB／Sと株主の状態によって異なります。大事なことは、経営者と保険営業員が対話（言葉）を通じて、経営者自身が自分の責任に気が付けるかどうかです。「いい経営の終わり方」が実現できるように貢献してください。

第4章

継続貢献営業の実現

ここまで自己資本経営の必要性や、やってはいけないこと、経営者に求められる姿勢などを述べてきた。本章では、継続貢献営業の実現方法を紹介する。その取組み方や、保険営業員が行うべき経営者へのアドバイスなどを見ていく。

1

経営変革を実現する6つのプロセス

継続貢献営業をする保険営業員が中小企業にもたらすものは、「経営の変革」です。その会社を強くし、関係する人々を幸せにします。

経営変革を実現するための保険営業員の支援の流れは、次の6つのプロセスになります。

まず1つ目のステップは、財務分析診断です。そして2つ目のステップは事業性評価です。経営者には次のように伝えてみましょう。

「年に一度は現状把握と問題点の抽出を行う必要があります。これは会社の健康診断みたいなものです。ぜひ御社の健康診断をしてみませんか」――そうすれば、決算書の勉強をしていない経営者でも比較的スムーズに納得して、決算書を見せてくれるのではないでしょうか。それをもとに、会社の強みや課題を把握してください。

3つ目のステップは、経営計画を作り、その計画を共有するための経営計画発表会の開催を指導し、従業員と経営計画を共有します。また、銀行に対してもそれをアピールすることが必要でしょう。

４つ目のステップは、毎月の経営改善会議の開催です。会議の目的は、目標が達成できた場合なら、どうして達成できたのか、達成できなかった場合は、なぜ達成できなかったのかを明確にして改善を目指すことにあります。

この会議では数字も共有します。月次残高試算表で、現金が増えたのか減ったのか、その要因を勘定科目内訳明細で確認します。これは、毎月お金が残る経営をし、会社の継続のために必要なことです。このようなことを通して、経営者への教育支援をします。

また、同時に企業文化の改革も進めていただきたいと思います。たとえば、「この程度でよい」「今までやってきたから、変えなくてよい」という甘えた企業文化があれば、改善していく必要があります。とはいえ、たくさんの変革を一度に求めても、すぐには改善できないでしょう。まずは１つだけ求めるとよいと思います。たとえば、「決めて、実行し、それを続ける」という文化の醸成です。日々それを実践する皆さんだからこそ、それを指導することができるはずです。

毎月の経営改善会議は、継続貢献営業の一環として、ぜひ実行していただきたいと思います。これこそが、経営者に寄り添うということだといえます。

5つ目のステップは、決算報告会と決算賞与の支給です。これは第3ステップの経営計画作成時点からある程度目標として定めておくとよいでしょう。必ず利益を増やし、増やした利益の一部は従業員に還元するという方針であれば、会社が一丸となって取り組みやすくなります。

そのうえで、さらに従業員の退職金制度も整備できるとよいでしょう。会社の存在意義は従業員の人生を守ることにあります。従業員が「自分はいい人生を送れた」というところまで会社が責任を負うべきではないかと私は思っています。経営者がそのような考えを持って経営するかどうかによって、大きな違いが出ると思うのです。だからこそ決算報告会と決算賞与の支給が実現できた時、はじめて従業員と経営者との間に信頼関係が築けるのではないでしょうか。

最後の6つ目のステップは、事業承継計画策定とその実行支援です。企業継続が可能となる事業承継計画を作り、その実行支援をします。

この6つのプロセスをよく理解し、経営者に何をしてもらうべきか、自分はどんな支援をすべきなのかを把握しましょう。

2

全員参加の原理原則経営のススメ

現在の日本において、多くの会社には従業員も含めた社員全員参加の原理原則経営が求められています。これは「経営者と従業員が一丸となって経営改善に取り組む。皆が数字に強くなり、経営参加意識を持って、正しく決めて実行し続ける。こうしたことを習慣化することで社風は良くなり、業績は向上し、会社が強くなって社員も幸せになることができる」ということです。経営者に対して、こんな経営を一緒に目指しませんか、と伝えていただきたいと思います。

では、何を決めればよいのかというと、まずは、やるべきことと、やってはいけないことを、ハッキリ決めるということです。

全員参加の原理原則経営を行うには、次のようなことをルール化するとよいでしょう。

・全員参加であること

・利他精神を持つこと
・仲間とともに成功すること
・社員は目的・目標・手段などを記入できる「自分ノート」を作成すること
・ネガティブ発言を禁止すること

そして経営者に求められることは「オープンマインド」です。決算書を従業員に開示したくない経営者はたくさんいます。自分の役員報酬を知られたくないのか、接待交際費の額を知られたくないのか、その理由はいくつか考えられますが、決算書の開示なくして、従業員は経営参加意識を持つことができるでしょうか。全員参加の経営をするには、決算書の開示は必要なことなのです。

私が、企業の社員向け研修を行う場合、参加する社員には「最低3年間は継続して勉強してください」とお伝えしています。なぜなら、多くの場合、「社員は経営に必要なことを知らない、ということを理解していない」レベルだからです。まずは、不案内であることを理解してもらい、そこから勉強を習慣化しなければ、人生が変わりません。

目指す目標は、自分たちが自律的に考え、自分たちで正しく決めて実行することができることです。そんな組織文化を作る必要があるのだと思います。

そのためには、どんなステップを踏むとよいか、カリキュラム例を以下に例示しました。ぜひ参考にしてください。

研修カリキュラム例（10回のケース）

- ・1回目：オリエンテーション、目的・主旨・原理原則・社会課題・生きる目的
- ・2回目：振り返り、自社の現状把握、原因究明、自分がどの数字に貢献できるか
- ・3回目：振り返り、自社の問題抽出、原因究明、自分がどの数字に貢献できるか
- ・4回目：振り返り、弱い自分を克服、覚悟と高い目標とKPI（重要業績評価指標）
- ・5回目：経営ビジョン（高い目標）と達成手段を決める
- ・6回目：経営理念（正しい目的・存在意義）を決める
- ・7回目：達成手段（経営戦略、ビジネスモデル変革）を決める
- ・8回目：経営者保証ガイドライン、経営管理、金融取引について学ぶ
- ・9回目：経営計画の策定（自社の未来を決める・事業承継）

・10回目：経営計画発表会の開催（自社の未来共有、宣言マネジメント）
1回目はオリエンテーションです。目的は原理原則の理解です。そして社会課題を共有し、それを一緒に考えることです。

2回目は自社の現状把握です。どうしてこの現状になったのかも考えます。

3回目に自社の問題点の抽出と、その原因の究明を行います。

ここまで行うと、自社の現状や問題、その原因がわかります。ここで、自社の経営改善のために何が必要なのかを考えなければいけません。そこで4回目として、弱い自分を克服するための覚悟を持ち、高い目標とＫＰＩを決めます。

5回目では経営ビジョンを決めます。ここでは高い目標を定めます。低い目標ではなく、高い目標が人生を牽引してくれます。

6回目で経営理念（経営における正しい目的・存在意義）を決めます。

7回目は経営理念を達成するための手段を決めます。これは経営戦略とビジネスモデルの変革を意味します。マーケティングとイノベーションという言葉に通じます。

8回目の経営者保証ガイドラインとは、目指すべき経営の大方針を決めることです。また、可能であればすべてに管理会計を導入し、どんな経営管理をしていくべきかを考えます。さらに、適正な資金調達とはどうあるべきか、銀行とはどういう存在なのかを考え、銀行とどう関わりを持てばいいのかも確認します。

9回目では経営計画を策定します。これは自社の未来を決めていくことであり、その中には事業承継も含まれます。また、生命保険についても、このプログラムの中に明確に盛り込んでいきます。この時にポイントとなるのが、「自分の人生の終わり方」です。私はその中で大事な価値観として「人に迷惑をかけない」という観点があると思っています。

自分が想定するよりも早く寿命が来てしまった場合、家族にかける迷惑はより大きくなります。しかしそれよりも圧倒的に多いのは、認知症や介護における負担や相続問題です。特に財産分割ができないような資産構成では、残された人たちに大きな迷惑をかけることになります。このような問題について、人生ビジョンに寄り添うことができるのは、ほかでもない保険営業員なのです。その点を自覚できると、皆さんの成功につながるでしょう。

最後の10回目は、研修の総決算として、参加者に経営計画を発表してもらいます。そして自分が会社に対してできることを宣言してもらいます。それを実践・継続するためにマネジメントしていくことこそ、保険営業員の仕事（継続貢献）となっていきます。

こうしたカリキュラムの手法を学ぶことで、皆さん自身も中小企業の利益を増やす手段を理解していただきたいと思います。

3

論語と算盤経営

利益を増やし、変革をもたらすのは「論語と算盤《そろばん》経営」です。渋沢栄一が遺した書物に、人格を磨くと同時に利益を追求するという考え方を示した『論語と算盤』があります。

「論語」とは理念を指し、「算盤」とは財務についてPDCA経営を行うことを指します。

ダーウィンは、「生き残ることができるのは、最も強い者でも最も賢い者でもなく、変化できる者」と言ったとされています。変革こそが会社の存続に必要なものであり、継続貢献営業をする保険営業員こそ、それを実現することができます。

論語と算盤経営は、正しい目的を持って経営するという点で、経営だけでなく皆さんの人生にも通じる考え方です。

正しい目的とは「志」「存在意義」「パーパス経営」などと言い換えられます。自分は何のために働くのかということです。正しい目的がなければ、金儲けが目的になってしまいます。かくいう私も、最初に保険業界へ入った時は金儲けが目的でした。しかしその目的では必ずどこかで失敗します。そして最悪の場合、人生が破綻してしまうという結末が待っています。ですから「正しい目的を持ってください」と常々お話ししています。

また、正しい目的を持った人と付き合うことが、今後のビジネスで大事な要素といえます。つまり誰と付き合うか、ということです。選択基準として、正しい目的で会社（もしくは自分の人生）を経営できているか、ということを覚えておいてください。

4

「論語」とは正しい目的・理念

企業において、正しい目的は「理念」として掲げられています。しかしその多くは、ただのお題目に過ぎなかったり、実行されずにいたり、理念自体が設定されていない場合もあります。

よく、理念を額縁に入れて社長室に飾られている風景を見かけます。それを見たら、私は「この理念をどのように実践していますか」と質問することにしています。「実践していない」という答えが多いです。仮に「実践している」という場合でも、「では理念経営を実践して、数値的な成果が出ていますか」と尋ねると、答えられる経営者はほぼゼロになってしまいます。

皆さんは中小企業へ貢献する際に、ぜひとも経営理念の大切さを伝えてください。人材を採用する際には、理念への共感も確認していただきたいのです。理念に共感して集まった社員と、そうでない社員ではどちらが強いか。論じるまでもないと思います。

さらに、入社したあとも経営理念について教育を続けるようアドバイスしてください。何も難しいことを教育する必要はありません。１日の終わりに、「今日、会社の理念をどのように実践したか」「理念の実践によってお客様はどんな反応を示したか」などといった話題で振り返る機会を設けるとよいでしょう。

自分事として実践した際の好影響がどれほどあるか、中小企業の経営者は気づいていません。理念と利益は調和するのです。

「動機善なりや、私心（ししん）なかりしか」――これは日本を代表する経営者・稲盛和夫氏の思想です。善の動機からなされた行動は必ず成功します。まさに原理原則だと思います。貢献していない者が貢献されるはずがありません。人は志を得ると金銭でははかれない力を発揮します。「綺麗ごと」が経済合理性を生むのです。

このように価値ある目的を持つと、すべての出会いが価値あるものになっていきます。

理念経営は最強の企業統治手法といえます。人は、他人から喜んでもらったり頼られたりすることに喜びを感じます。人のために生きることに幸せを感じる以上、それが仕事になることほど幸せなことはないでしょう。人のために仕事をして、結果としてTOT（トップオブテーブル、MDRTの最上級資格）になる。なんてすばらしいことでしょうか。

人の成長には貢献が必要です。お客様に対して今何ができるのか、相手は何を必要としているのか、こういった利他精神を持っている人は成長が早いでしょう。このような正しい目標を持って実践し、成長していただきたいと思います。そして実践者として、中小企業経営者にも伝えてください。皆さんには、中小企業経営者と志の共有ができる流れを作っていってもらいたいと思います。

5

「算盤経営」とは数字を使った強い経営のこと

算盤経営とは、数字で意思と根拠を持つ強い経営を指します。そのために必要なことは、まずは現状把握、つまり実態B／Sの把握です。決算書（B／S・P／L）や現金損益Ⓡの中には、必ず原理原則があります。その原理原則をきちんと理解したうえで、それをしっかり守っていく経営が会社を強くします。

算盤経営の中核となるのは「ビジョンを示す」ことです。銀行の融資審査も、いまは決算書をもとにした定量評価から、企業の強みや定性面を評価する「事業性評価」が重要視されるようになってきました。そのような状況だからこそ、どのような考え方で経営をしているかが重要なポイントになります。惰性で作ったような毎回同様の目標設定しかできない経営なのか、もしくは、5年後、10年後にどうあるべきか、そのために何をすべきかを考えて目標設定をした経営をするのか。強い経営がどちらかは、言うまでもないでしょう。

5年後の理想的なB／Sを実現するために必要な純資産はいくらか。経常利益や粗利益はいくら必要か。必要な売上高から、客単価や必要な客数を決めていく。このように、必要な利益から逆算して目標設定をしてください。

このようなことを理解したうえで経営をしているかどうか、それが大きな差となって表れます。

現状の総資産が10億円、負債合計9億円の会社があったとします。純資産は1億円（10億－9億）、自己資本比率10％ですね。この会社が5年後の目標を自己資本比率60％（＝自己資本経営）とした場合、新たな設備投資等がなく総資産が10億円のままだったとすると、現在1億円の純資産を5年後に6億円にしなければなりません。5年間で5億円増やす、つまり1年間に1億円ずつ当期利益を出すことが求められるわけです。

では1年間にいくらの売上があれば、当期利益1億円を達成できるのでしょうか。法人税の実効税率を34％と仮定し逆算していくと、当期利益1億円を達成するには、税引前当期利益は約1億5150万円必要です。特別利益や特別損失がないと仮定した場合、ざっと経常利益は約1億5150万円必要。仮に固定費を4億円とした場合、売上総利益（粗利益）は約5億5150万円、当該企業の売上総利益率（粗利益率）が60％だとした場合、必要売上は約９億１９００万円、客単価が１００万円だった場合、年間９１９人の客数が必要となるのです。

このように、どのようにマーケティングすれば目標が達成できるのか、その根拠を明確にして経営をしなければいけません。しかし、ほとんどの経営者は実行できていないのが現実です。

理念と算盤は、いずれも非常に重要な要素です。しかし、場合によっては算盤から先に取り組まなければ、理念まで行き着かないというケースもあるでしょう。繰り返しになりますが、「数字オンチが会社を潰す」という永守重信氏の言葉は真理をついていると思います。実際に、弱い会社の経営者からは、「数字面は税理士にすべて任せている」というセリフをよく聞きます。ですから、このような経営者をサポートする際には、決算書の読み方から原理原則を教えて差しあげるとよいでしょう。

高い目標を立てた時、多くの人はその目標を達成できるかどうかを悩むでしょう。もしくは、できなかった時の言い訳をあらかじめ考えてしまう、そんな思考がよく見受けられます。しかし「目標が達成できるかどうか」で悩むよりも、「どうすればできるのか」に思考を転換する必要があります。経営者がそういった覚悟を持ってはじめて、社員も覚悟を決めるのではないでしょうか。

6 利益について考える

ここで、利益について考えてみたいと思います。

利益の定義は4つあります。すなわち「企業継続コスト」、「理念実現コスト」、「経営責任コスト」、「企業価値向上コスト」です。

皆さんは、「すべての会社の利益は増やせる」と思ってください。それは実際に実現できることなのです。

会社の利益を最大化し、企業価値を上げるために必要な知識があります。それは、「実態固定費」「実態粗利益率」「損益分岐点売上高」の3つです。

自社の実態固定費がいくらなのかを知らなければ、利益を出すことができません。まずは実態固定費を知ることがスタートとなるでしょう。そして「実態粗利益率」と「損益分岐点売上高」を知ったうえで、利益レベルを見てみます。

前述したように、会社の利益が、たまたま「出た利益」なのか、狙って「出した利益」

なのか、今後も「続く利益」なのか。この「続く利益」のレベルまでいっている会社は本当に少ないと思います。

たとえば、近年の物価高の影響で取引先に値上げ交渉を行ったら、取引を切られてしまったというケースも珍しくはありません。しかし、私はおかしなことだと思ってしまいます。値上げ交渉で取引を切られた会社は、日頃から、その取引先とどのような関わり方をしていたのでしょうか。日々の取引を通して、コツコツと「信頼」という無形資産を蓄積していれば、直ちに取引停止にはならないと思うのです。値上げ交渉で即取引停止になるということは、価格面でしか選ばれていなかったのではないでしょうか。

そういう考え方で経営ができているかを、しっかり見つめ直すことが重要です。

続いて「損益分岐点売上高」という概念を理解するために、具体的な数字を設定しながら利益について確認してみましょう。

売上5億円、粗利益率40％、固定費2億円の会社の場合、利益はいくらになるでしょうか。答えはゼロです。会社の損益分岐点売上高は「固定費÷（1－変動費比率※）」で計算されます。この会社の変動比率は60％（1－粗利益率）ですから、損益分岐点売上高は

２億円÷（１－０・６）＝５億円。この会社は売上５億円では、利益が出ないということです。
前記を前提として、意識的に固定費（たとえば接待交際費や役員報酬など）を１０００万円削減しました。さらに、社長が月８件の営業をこなしたところ、顧客数を２倍にすることができ、売上は10億円となりました。この時、利益はいくらになるでしょうか。

削減した固定費は１億９０００万円となり、売上は10億円・変動費は６億円、その結果、損益分岐点売上高は１億９０００万円÷（１－０・６）＝４億７５００万円、利益は10億円－変動費６億円－固定費１億９０００万円＝２億１０００万円になります。

利益が出るようになるか、ならないかで逡巡しているのではなく、まずは実践しましょう。そうすれば必ず利益を増やすことができます。そのためには、まず固定費を１０００万円下げましょう。この１０００万円は利益を生まない固定費だからです。次に、１年かけてでも顧客数を２倍にしましょう。社長の定位置は、会社の社長室ではなくお客様のところです――皆さんも、お客様である経営者にこのような話をしていただきたいと思います。そうすると、経営者にこれまで欠落していた自信が生まれます。生まれたこの自信は、必ず従業員にも伝播します。

　増やした利益の一部は従業員に決算賞与などで分配していただきたいですし、従業員退職金制度も作っていただきたいと思います。


　皆さんが中小企業の会社経営に関わることで、社会が変わっていくことになるのです。「社会が変わるなんて大げさな」と思うかもしれませんが、決してそうではありません。今の会社員の中には60歳で定年を迎え、退職金をもらい、再雇用で給料を半分近くに減らして65歳まで働き、そこからなほそぼそとした仕事をしていく——そのような方も少なくありません。それで老後の生活は安泰でしょうか。そんな人を増やさないためにも、弱い会社を、利益を残す会社に変えるサポートをしていただきたいと思います。

　こうした取組みを本気でしている会社こそ、銀行はその事業性を評価すると思います。また、こうした努力は必ず月次残高試算表の数字となって表れます。

　ただし、そこには人間としての強さが必要不可欠です。その強さは覚悟から生まれるものなのです。

第5章

高値安定経営と継続貢献営業

第5章では、財務を改善し、継続的に利益を出し安定した経営を意味する「高値安定経営」を実現してもらうために、保険営業員にどんな支援が求められるのかを紹介する。章の後半では、実際の改善事例を紹介しよう。

1

継続貢献営業で人の成長を促すことも大切

人生も経営も登る山（目標）を決めないとそこに辿り着くことはできません。目標を決めて、それを達成するためシミュレーション等を行い、難しいと思われる目標達成を実現する——これを「ロケット理論」と呼びます。

「人類はなぜ月に行くことができたのか」。これには3つの理由があったと私は考えます。

1つ目は、月に行くという「明確な目標があったから」です。

2つ目は、月に行くための「手段の具体化ができたから」です。

3つ目は、「ズレ」を修正しながら目標に向かうという「軌道修正の仕組みがあったから」です。

これに似た考え方として「PDCAサイクル」が該当するでしょうか。つまり、目標を正しく決めて実行し、続けることで、月に行く（＝目標を達成する）ことができるのです。

ですから私たちは、まず経営者に対して、登る山（目標）を決める支援をすることが重要なのです。

私が提唱する「継続貢献営業」や「伴走支援」とは、まずは現状把握をして問題の抽出を行い、原因の究明をし、解決策を経営者と一緒に考えることです。

解決策とは計画です。ＰＤＣＡの「Ｐ」に該当します。しかし、残念なことに、中小企業の中には自分で経営計画を作って、経営を自分事としてオペレーションしている会社はほとんどありません。

なぜでしょうか。それは「知らないからできない」というレベルの経営者が多いからでしょう。

人の成長が企業の成長を実現します。人の成長には4つの段階があります。

第1段階は「無知無能」です。まったく知らない状態で、皆ここからスタートします。本書でお伝えしている継続貢献営業を、本当の意味で実行しようとすれば、まずはきちんと決算書を読むことができ、数字の意味と原理原則を知り、それを人に教えることができなければなりません。そのためにも、まずは「知ること」から始めなければなりません。

そして、それを毎日継続して実行することがとても重要です。毎日実行することで、次のステージに進むことができます。

第2段階は「意識的無能」です。これは、意識はしているものの できない、という状態です。実はここで立ち止まっている人が多いと思っています。たとえるなら、「勉強しなければいけないということは意識できているけれど、つい自分に言い訳をしてしまいできない」という状態です。

第3段階は「意識的有能」です。これは、意識すればできるけれども、意識していない時、つまり無意識にはできない、という状態です。できるのだからいいじゃないか、と思われるかもしれませんが、皆さんには、ぜひこの上の第4段階を目指していただきたいと思います。

それが第4段階の「無意識的有能」です。わざわざ意識しなくてもできている、完全に習慣化している状態です。

やったほうが絶対にいいことはわかっているけどできない、というのは「意識的無能」で留まっている人です。やっているけど辛いと感じているのであれば、まだ「意識的有能」段階でしょう。辛いとも感じないし、無意識に自然と習慣としてやっている状態が「無意識的有能」の段階です。継続貢献営業を「無意識的有能」まで高めていただき、習慣化することで人生を変えていただきたいと思います。これは皆さん自身の成功のため、そして皆さんの目の前にいる経営者、その会社の従業員の成功のために必要なことだと思います。

経営者の中には「無知無能」の段階の方もいます。それを皆さんが継続貢献営業を通して「無意識的有能」の段階まで引き上げていく――つまり習慣化する支援をしていただきたいと思います。そのためには、まずは自分自身の継続貢献営業を無意識的有能の段階まで引き上げなければなりません。

2

「習慣化」を実現する4つの着眼点

では、皆さんが継続貢献営業を習慣化するため、そして皆さんのお客様である経営者が経営を習慣化するためにはどんな取組みが必要でしょうか。私が考えるのは次の4点です。

まず1つ目は、「人生や経営における計画の実践」の習慣化です。計画があるということは目的や目標があるということです。正しい目的、高い目標を持ち、そのための達成手段を考え、それを実践してください。

たとえば、目的は「世のため人のために自分が存在すること」、目標は「エグゼクティブ・ライフプランナー」、それを達成するための手段として「1日に5人の社長と会う」といった形が考えられます。5人という数字は、面会時間と移動時間を考慮したうえでの上限なのですが、こうした圧倒的な行動量を日々こなすことで、人の成長スピードは格段に上がります。実際、私がこのような目的、目標、そして達成手段を考え実行したのですから、皆さんだってできるはずです。

２つ目は「目的思考」の習慣化です。常に「何のためにするのか」という目的を考えていただきたいと思います。物事の原理原則や本質に行き着くためには、常に目的を考えていなければいけません。ぜひご自身で目的を考えるようにして、物事の「本質」が抽出できるようになってください。

３つ目は「勤勉努力実践継続」の習慣化です。勤勉努力実践継続とは、字の如く、勉学に励み、努力を続けるということです。これができて人は初めて成長し、成功して幸せになることができます。

最後の４つ目は「ポジティブ思考」の習慣化です。どんなことでも、できない理由を探すことは簡単です。「赤字の会社を黒字にする」というポジティブな結果を出すためには、必死に考えなければなりません。石にかじりついてでも実行する、という強い決意がなければ、赤字の会社を黒字にすることはできません。できない理由を探すよりも、「どうすればできるか」というポジティブな思考習慣を持っていただくようサポートしてもらいたいと思います。

これらの習慣を身につけることができれば、必ずや成功することができるでしょう。たとえ、自分が無意識的有能、つまり習慣化することまでができたとしても、経営者の習慣化の支援にはやはり時間がかかります。ですから伴走支援をして、すべての保険を任せてもらう――このような考え方をぜひ持っていただきたいと思います。

3

高値安定経営と継続貢献営業の実践例

ここまで述べてきた継続貢献営業や、その習慣化、そして経営者の成長があれば、会社は毎年、継続して利益を出せる「高値安定経営」を実現することができます。

この高値安定経営の実現と、私たち保険営業員がなすべき継続貢献営業とは、具体的にどのようなものか。私のクライアントの会社の例を挙げて解説しましょう。

●ケース●物流業A社――事業承継問題の解決と財務改善の手法

Ａ社は運送業の会社ですが、そのほかグループ会社として人材派遣会社、土地保有会社の２つがあり、３社いずれも社長が

- 社長60歳、後継者30歳
- 株主：社長８割、他配偶者、兄弟、親族外役員（分散間違い）
- 役員：社長、後継者、親族外役員、社長の父母・配偶者
- 運送業会社、人材派遣会社、土地保有会社の3社決算月バラバラ⇒節税志向・利益付け回し、会社間貸借不明瞭：信用信頼？
- 会社使用の土地建物は社長の個人所有

経営を担っていました。その概要は前ページの図表とおりで、財務問題と事業承継問題を抱えています。

A社は27年の業歴があるにもかかわらず、利益剰余金がマイナスです。私たちが支援に入り、財務を改善し、事業承継問題を解決することによって、社会から評価を得られる会社、社会からの支援を得られる会社を目指しました。

その改善策のうち、財務の改善を中心に、私たちの具体的な支援策を解説しましょう。

A社の問題点

A社にはどんな課題があるでしょうか。

まず着目すべき点が株主です。株主構成を見ると、広く分散していることがわかります。

中小企業支援の際には、株主について必ず把握するようにしてください。

A社の社長は、「株は皆で分けたい」と言いました。「どうして分けたいとお考えなのですか」と聞いたところ、「皆に少しでもいい思いをしてもらいたいから」という答えが返ってきました。

社長には言いませんでしたが、財務問題を抱えている会社の株を持っていても、いい思いができるはずはありません。

前述したとおり、A社は運送会社ですが、別に人材派遣会社、土地保有会社もあり、それぞれ決算月はバラバラです。社長は節税志向が強く、グループ会社間の取引で利益の調整を行っていました。しかしグループ会社間の取引内容は不明瞭です。また、会社の土地・建物は社長の個人所有となっています。これでは本来あるべき姿とは乖離した決算書ができてしまいます。そんなA社に信用や信頼があるでしょうか。

私はこのA社を社会から評価を得られる会社、社会からの支援を得られる会社にしようとし、様々な対策を講じました。

B／Sからわかること

では、次にこの会社のB／S（人材派遣会社、土地保有会社を含む合計数値）を見てみましょう。

次ページの図表は27期期末時点のB／Sです。

総資産4億3000万円、資本金は1500万円、利益剰余金はマイナス5000万円です。つまり、27年間事業を続けて、利益がマイナスです。

●27期末のB／S

（単位：千円）

科目	金額	科目	金額
流動資産	**400,000**	**流動負債**	**250,000**
現預金	80,000	未払費用	180,000
売上債権	200,000	短期借入金	50,000
前払金	80,000	その他	20,000
貸付金	30,000	**固定負債**	**170,000**
未収利息	3,000	長期借入金	170,000
⋮	⋮		
固定資産	**30,000**	**負債合計**	**420,000**
車両運搬費	15,000	資本金	15,000
建物	2,000	利益剰余金	▲5,000
土地	6,000		
⋮	⋮	**純資産計**	**10,000**
総資産合計	**430,000**	**負債・純資産合計**	**430,000**

※年返済額5,000万円

借入金と現預金を比較してみると、借入金2億2000万円（短期借入金5000万円＋長期借入金1億7000万円）に対して、現預金は8000万円です。このあと紹介するP／Lでわかりますが、A社は売上高が16億円なので、月商は1億2000万円です。できれば現預金は月商の2～3カ月分は持ちたいところですが、現状では、現預金が少なすぎるといえそうです。

なぜ現預金が少ないのか。それは大抵の場合、お金の使い方を間違えていることに原因があります。たとえば前払金が8000万円あります。この詳細を社長にヒアリングすると、土地の手付金ということ。仮にこれを支払っていなければ、保有する現預金は

1億6000万円になっているはずです。これなら、まともなB／Sになったことでしょう。

流動資産にある貸付金3000万円についてもヒアリングをすすめると、グループ会社への貸付金でした。この貸付金がなければ、現預金は1億9000万円になります。皆さんには、このようなケースでは、「グループ会社間でやり取りするのではなく、その会社自身が金融機関等から借りればいい」と、当然のように考えられるようになっていただきたいと思います。

このように、なぜ現預金が少ないのかという観点でB／Sを見ていくと、お金の使い方を間違えている、ということに気づけるはずです。

また、B／Sの枠外に年返済額5000万円とあり、総合的に見ると、現金損益®が赤字ではないか、という判断ができるでしょう。

●P／Lからわかること

次にP／Lを見てみましょう。

営業利益はマイナス300万円、当期純利益は200万円です。売上が16億円規模の会

●27期末のP／L

（単位：千円）

科目	金額
売上高	**1,600,000**
外注費	1,000,000
粗利益	**600,000**
固定費	**603,000**
人件費合計	220,000
燃料費	33,000
旅費交通（高速）	33,000
減価償却費	45,000
接待交際費	5,000
修繕費	41,000
⋮	⋮
営業利益	**▲3,000**
雑収入	7,000
雑損失（支払利息）	1,500
経常利益	**2,500**
当期純利益	**2,000**

社で、100万～200万円前後の利益を出している場合、利益調整をしている疑いを持ってください。つまり、粉飾決算の可能性を疑うことができます。3社間で利益を付け回しているので、調整をしているのかもしれません。また、外注費が10億円あります。

●A社の課題を考える

以上を踏まえて、A社の課題となる財務基盤の強化、そして高値安定経営をどう実現すればよいのか考えてみます。

財務基盤の強化を図る代表的な方

●売上高と利益の関係

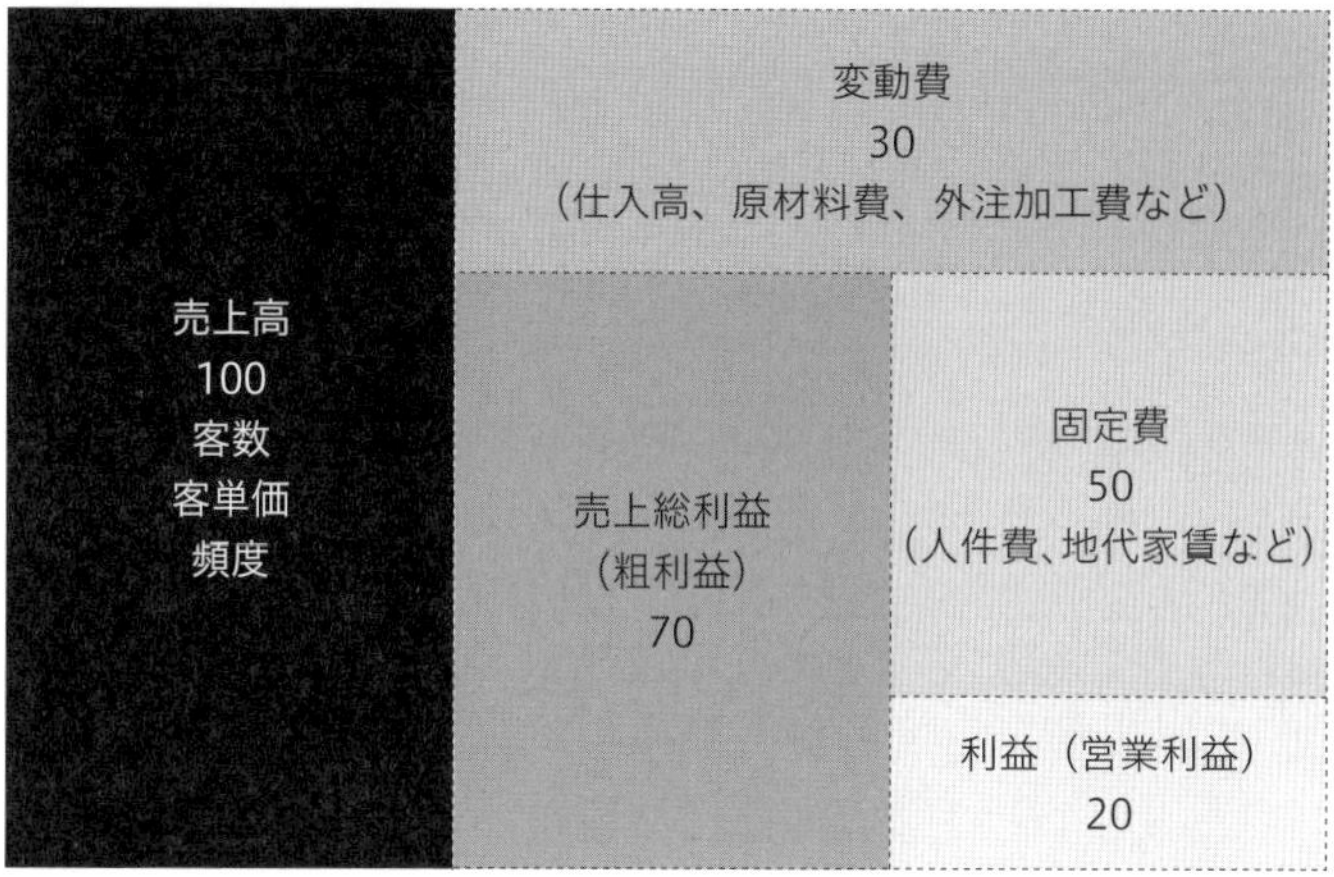

法としては、利益を増やす——つまりＰ／Ｌの改革です。利益を安定的に出せる構造への変化が不可欠です。

この点についてもう少し詳しく紹介しましょう。

仮に売上高を１００とすれば、その売上高は、上の図表のように分解することができます。

利益は右下にあります。売上高から変動費と固定費を除いたものが利益ですから、単純に考えて固定費をゼロにすれば利益は増えます。また粗利益の額を増やすことも必要です。

そのためには、１つは売上高を増やすこと、もう１つは変動費（仕入高、原材料費、外注加工費など）を減らすことです。売上の構成要素は客数、客単価、頻度が一般的です。こうした要素を踏まえながら、どうすれば最も効率的に利益を出せるのか、もしくは現実に出せるのかを考えます。たとえば、固定費を減らせるならばよいですが、現実的に難しかった場合、変動費をどう減らすかを考えるということになるでしょう。

先程紹介したA社のP／Lを思い出してください。実はあのP／Lでは特に数字が気になるところがあります。それは「外注費」です。

外注費が10億円なので売上高に対する外注比率は約63％です。もしこれが内製化できれば、その金額はまるまる利益として増額できることになります。

私が最初にA社の数字を分析した際、「売上が16億円もあるのに、なぜ外注に10億円も出すのか」と疑問に思いました。27年間も事業を続けてきて、繰越欠損金のある会社という時点で、あまり優秀な経営者とはいえません。

A社については、P／Lの改善以外にも、自社株式の移動（分散している株式を経営者に集める）、社長が所有している土地・建物を会社に譲渡してもらう、関連会社3社を合併し決算期の合一を図る、前払金の解消を図るといった改善策も浮かびましたが、それらよりも優先させるべき部分はこの「外注費」だと感じました。「この会社は、売上高に対する外注費の比率が63％と高すぎ」――あれもこれもと一度にたくさんのアドバイスをすると混乱するので、ここだけに絞りアドバイスすることにしたのです。

実際、社長に外注粗利益率を確認すると、約5％という回答でした。これでは儲かるはずがありません。10億円という金額ですから、この外注費を少なくできれば、単純に考えて利益を増やすことができます。


では、どのように外注費を減らせばよいでしょうか。A社は物流業ですから、たとえばトラックの「積載率」をKPI（目標達成に向けた行動指標）とします。積載率ゼロで走ったら、当然ですが、儲けは出ません。逆に多くの荷物を一度に載せて運べれば積載率は高まります。そこでトラックを動かす道筋を考えて配車を組む「配車担当者」の設置をアドバイスしました。

もう1点、これだけ高い外注依存度の経営を改めるために、人材を採用し、教育して自社運行する形にして受注することが基本なのだと思います。このような取組みで利益が増えて（＝P／Lを改善して）初めてB／Sの改善にも着手できます。

●B／Sの改善

上記のP／Lの改善で利益剰余金がプラスに転じたら、B／Sの改善です。残念ながら、A社には、長期借入金1億7000万円の中に、1年以内に返済する長期借入金が4300万円も含まれていました。「長期」借入金に、1年以内の「短期」で返済すべき借入金が紛れ込んでいたのです。これはつまり、まだ適正な資金調達ができていないことを表しています。

このほか前期では「貸付金」としていた勘定科目を、誰に貸したのかを明らかにするために「関係会社貸付金」という科目名に変更しました。さらに、長期借入金のうち経営者が個人資金を貸し付けていた分が4000万円あることが判明。この分については「長期借入金→役員借入金」に勘定科目を変更しました。役員借入金4000万円が資本金とみなされるのであれば、B／Sはずいぶん良くなります。

こうした改善を積み重ねた結果、28期6月のB／Sは次ページの図表のようになりました。このようにB／Sが良くなれば、金融機関のA社への評価も変わり、新たな資金調達ができたり、新事業に関して相談に乗ってくれたりするでしょう。

●28期６月決算　（単位：千円）

科目	金額	科目	金額
流動資産	**420,000**	**流動負債**	**370,000**
現預金	100,000	仕入債務	150,000
売上債権	200,000	短期借入金	40,000
前払金	80,000	短期継続融資	80,000
関係会社貸付金	18,000	１年以内返長借	43,000
未収入金	4,000	⋮	⋮
従業員貸付金	1,000	**固定負債**	**45,000**
⋮	⋮	長期借入金	45,000
固定資産	**25,000**	**負債合計**	**415,000**
土地	6,000	資本金	15,000
建物	2,000	利益剰余金	15,000
車両運搬具	15,000		
⋮	⋮	**純資産計**	**30,000**
総資産合計	**445,000**	**負債・純資産合計**	**445,000**

●利益を出すことの重要性

やはり会社を良くするには利益が必要です。銀行は必ず当期利益と減価償却というキャッシュを見ています。そこから「融資ができるかどうか」「融資したお金が返ってくるかどうか」を判断するわけです。ですから当期利益を黒字化していかなければ、利益剰余金が増えていきません。

ではどうやって利益を増やすのか。それは、固定費と粗利益の適正化です。今回ご紹介したＡ社では、粗利益の適正化として外注費をコントロールしたほか、積載率というＫＰＩを設定して、日々配車を意識するようにアドバイスしました。「利益は習慣で出すことが当たり前」ということを伝えることが大切です。

残された課題と継続貢献営業

ここまで述べてきたとおり、A社のケースでは、まず外注費の適正化を行いました。しかし、自社株式の移動や関連会社の合併、さらには社長が個人保有している土地・建物の会社への譲渡、土地の手付金として払ったという前払金8000万円の解消、何より「正しいことを実行し続ける」企業文化の醸成など、様々な課題が残っています。

弱い会社や経営に不案内な経営者に対して、こうした課題を同時に進めることは非常に困難で、1つひとつクリアしていくしかありません。だからこそ私たちは継続貢献営業をしていかなければならないのです。

4

「信用の消耗」から「信頼の蓄積」へ

皆さんが保険業界に転職してきてから周囲を見渡すと、保険が売れる人と売れない人がいることがわかると思います。その違いはどこにあるのかというと、過去の自分自身が信用の蓄積ができているかどうかです。もしも信用の蓄積ができていないのであれば、過去を悔やんでもしかたありません。むしろ、これから先のことが重要になってきます。

すでに本書でも触れたように、保険業界は周囲からあまりいいイメージを持たれていません。むしろ一般的には悪いイメージを持たれていると思った方がいいでしょう。なぜかというと、保険業界のあり方とやり方に問題があるからです。

たとえば、一般的な生命保険営業では、節税の話を多くします。そして、売りつけたら売りっ放しにするという流れがほとんどです。こうした売り方では、人から嫌われることになるでしょう。結果として、世の中がますます狭くなっていき、居場所がなくなって破綻してしまうことになります。

つまり、保険営業が一般的に行っている営業をそのまま実行し続けていたら、信用は蓄積されるどころか、どんどん消耗してしまうということです。

では、ここで見たA社の改善事例のように、お客様に対して継続的に貢献するような営業を行ったらどうでしょうか。日々信頼が蓄積され、年々繁盛する人生を送れるようになると思いませんか。

保険営業が日頃から言行を一致させ、実践者として振る舞うことで、人を動かす影響力をもった言葉が操れるようになります。そのためにも、自身の存在意義について深層思考していただきたいと思います。

ただし、注意すべきことは、利己のための存在意義であってはならないということです。それでは私たちは強くなることができません。強くなるには利他の精神を持つことです。世のため人のために存在するということが非常に重要です。

5

バレンタインショックから学ぶこと

保険業界にいる方ならば、国税庁が節税保険を規制した「バレンタインショック」という言葉を耳にしたことがあるでしょう。詳細は省きますが、法人保険について最高解約返戻率が50％以上となるものについては課税方法を見直すとの発表が、２０１９年２月14日にあったためバレンタインショックと呼ばれています。これによって保険の売り方が変わりました。

バレンタインショックより前は節税効果をアピールして保険を販売していたのですが、税務上の取扱いを見直す方針が示されたことで、節税を目的とした販売ができなくなってしまいました。

それまで「節税」をウリにして販売してきた保険業界は、当然困ります。そこで、規制対象にはならなかった節税商品「低解約返戻金型保険の名義変更プラン」の販売を強化する流れができました。

ちなみに「名義変更プラン」とは、低解約返戻金型逓増定期保険など、加入から数年間は解約返戻金が抑えられ、一定期間経過後に返戻金が上がる保険に法人契約で加入するものです。数年間は保険料を法人で負担し、その後、解約返戻金が上がる直前に名義を法人から個人に変更します。生命保険の価値は解約返戻金相当額で評価するので、法人から個人に低い価値で譲渡することができます。個人に名義変更をした後、解約返戻金が上昇したところで保険を解約し、個人で返戻金を受け取るというプランです。

たとえば、年払い1000万円の低解約返戻金型逓増定期保険に加入したとします。契約当初は「低解約返戻金型」なので、1000万円を払っても解約金は100万円などという契約となっています。これを5年間払い続けても5000万円保険料を払ったのに、解約返戻金は500万円です（実際はもう少し複雑なスキームですが、説明のため簡略化しています）。

この時点でこの保険を法人から個人に譲渡してもその評価額は500万円。ただし6年目から一気に解約返戻金が増えるため、個人は500万円で受け取った保険を6年目以降に解約すれば経営者個人の懐には差し引き4500万円が転がり込むというわけです。これはつまり、会社に損をさせて、経営者の懐を潤すワザなのです。

今はもう使えなくなった手法ですが、問題はこの内容よりも、こうした保険を売りつける保険営業と、それを良しとする経営者がいるということです。

税務も財務も経営もわからない保険営業員と、勤勉努力をしていない経営者にとって、利害の一致でこうした保険が売れてしまうのですが、そのような保険を契約しても会社としては当然財務対策にもなりませんし、どんどん弱い会社になってしまいます。保険営業員は利己的な働き方から脱却できませんし、会社は弱いまま。つまり誰も幸せにはならないのです。

そんな保険の売り方をせず、その会社にとって必要なものを堂々と提案する保険営業を行うべきです。必要のない保険はその会社の財務を毀損するだけなので、やめた方がいいとアドバイスできるよう、きちんと勉強していただきたいと思います。

保険営業員は、適切な商品を、正しい販売方法で堂々と販売することが重要です。

6

会社の売上が半減しても生き残れるか

ここまで述べてきたことを経営者にわかっていただくために、保険営業員は経営者にどんなことを話せばいいのでしょうか。

たとえば、「生産性を上げて、利益を増やし、その一部で社員の所得を増やす。そのためには社員全員が成長することが大切ですよね。そのための研修を受けませんか」と話せばどうでしょうか。まともな経営者であれば、こういうアプローチに魅力を感じないはずありません。なぜなら今の企業はおおむねこの点で苦労しているからです。

もし皆さんが、顧客企業の全従業員までは無理だとしても、経営者と幹部社員だけでも研修を提供することができれば、その企業は自分たちの考え方で経営の舵取りを正しく決めることができる会社になるでしょう。その結果、生産性が上がり、利益を増やすことができます。利益が増えればその一部を使って従業員の賃金を増やすことができます。こんな会社を増やしていけるなら素晴らしいことでしょう。

企業経営の本質は、事業を継続し、雇用責任を果たすことで従業員の人生を守り、幸せにすることです。会社が弱いと従業員を守ることも幸せにすることもできません。会社の唯一の存在意義は、関わるすべての人を幸せにすることです。

そのためには勝つべくして勝つ経営をしなければいけません。勝負の行方が戦う前から決まっている、そんな経営をするべきなのです。それを実現するのが前述した「研修」であり、社員の成長であると私は考えます。

もう１つ、実際にその会社の売上が半分になった場合のシミュレーションをし、その場合でも赤字経営にしない対策を見つけ出すことも大切です。「黒字経営を維持するための準備を、今からしておきませんか」と経営者に伝えてください。「もし売上が半分に減ったら、自分の会社はどうなり、どんな対策をすれば黒字の利益を維持できるか」。このように考え準備している会社はまずありません。ですから、『勝つべくして勝つ経営』を実現するための準備を整えるということです。

勝つための準備とは「勤勉努力」と「計画」です。会社の売上が半分になった場合の対策も計画といえるでしょう。つまり、計画とは、明るい未来を思い描けばいい、というものではないということです。「売上が半分になった時にはどんな経営をすべきなのか」、それをあらかじめ考えることこそ計画といえます。

　こうした本質的な話をすることで、１人でも多くの中小企業経営者が自ら気がついて実行できるようになっていただきたいと思います。

7 経営者の見極めも欠かせない

保険営業員は、ただ闇雲にお客様に貢献すればいい、というわけではありません。むしろ、少し極論ですが、次に挙げた内容が理解できない経営者に対しては、継続貢献営業を続ける必要はないとさえ考えます。

どのような経営者か。１つに「この世の唯一の絶対は、人はいつか必ず死ぬということ」が理解できない経営者。さらに「死ぬ時期がわからず、身近な人に金銭的な迷惑をかける可能性があるから生命保険の加入は不可欠であるのに、保険加入目的が損得になっている」経営者です。これが理解できていない経営者は、意味のない法人保険に加入していることが多々あります。保険営業員として生きていく以上、人の死と向き合う覚悟が必要になります。「人に迷惑をかけない人生を責任を持って送る」。そんな当たり前の認識を持っている人を、継続貢献営業すべきお客様と定義しておくといいでしょう。

経営者の中には、「自分が死んだ後のことは知らない」とか、「自分が死ぬイメージが持てない」という人がいますが、これでは無責任としか言いようがありません。貢献すべきお客様の正しい定義を持ち、間違った考えに凝り固まった経営者とは付き合わないほうがいいでしょう。

8 保険営業を行う際のアプローチトーク

保険営業をする際は、必ず連帯保証や相続といった話題から入っていくべきでしょう。連帯保証人になったままでこの世から突然いなくなってしまうことで、誰にどんな迷惑をかけるのか、具体的に理解できていない経営者はまだまだ多いと思います。いくら金融庁が経営者保証解除をうたっても、銀行は回収手段として経営者の連帯保証を入れたがるというのも１つの要因になっているでしょう。

会社の借金は、経営者の死亡により会社が返済できなくなると、その返済義務を相続人が負うことになります。その返済義務から逃れる手段は自己破産しかありません。こうしたことを理解できていない経営者には、ストレートに話してほしいと思います。「今のままでは大事な家族に迷惑をかける可能性があるので、社長が入るべき保険は、この保険です」というアプローチを、正々堂々と行ってください。

また、「会社の目的は従業員の幸せにあるべきです。ですから、現金損益®を黒字化して、その一部は従業員の幸せのために使うべきです」とハッキリ伝えてください。さらに、役員退職金は、社会通念上の金額として功績倍率法を用いて、会社として当然のこととして準備しておくべきであることも伝えましょう。役員を登用している経営者であれば、責任者としてすべきことの1つです。

相続対策もアプローチトークに使えます。具体的には財産分割、納税資金対策の話題が有効です。経営者の相続は特別なものです。なぜなら、分けてはいけない財産（自社株式）が相続財産の大半である可能性が高いからです。ですから経営者の相続は、普通の相続より慎重に扱わなければなりません。

また、老後資金や介護資金を準備しておくことは、人に迷惑をかけないためにも必要です。

このようなことは、当たり前のことばかりなのですが、多くの経営者は当たり前だと認識できていません。ですから保険営業員は、こうした内容をしっかり把握し、当たり前のことを当たり前にお伝えして保険契約をするようにしましょう。逆に、こうしたことをお話ししても反応がない経営者は、保険提案の対象者にすべきではないのです。

第6章

保険料50億円契約プロセス

本章では、私が経験した50億円の保険契約のプロセスを中心に解説する。「継続貢献営業」というテーマで仕事を続けていると、人から大事にされるようになる。その結果、50億円という大型契約に結びついた。この事例から、多くのことを学び取っていただきたい。

1

保険料50億円契約の経緯

私がソニー生命で保険営業員として働いていたある日のことです。とあるゲーム会社を経営するB社長と出会いました。私はB社の保険を分析させていただきました。そして問題点を抽出し、保険の適正化を提案したところ、B社長に納得していただき、保険料1500万円程度の保険契約を得ることができました。

その時、B社長からこう言われたのです。「五島さんはソニー生命なんだから、『ソニー』だよね」

正直、この時B社長がどういう意味でおっしゃっているのか理解できませんでした。

その意味を理解するためには、その時のテレビゲーム業界の実情を押さえておく必要があります。当時、テレビゲームといえば任天堂の独壇場でした。そこにソニーがプレイステーションを発売して市場に乗り込んだ、そんな歴史的転換点でもありました。

私がB社長に事情を聞くと、元々は任天堂のゲーム機を販売していたものの、今後は「プレイステーションを自社でも販売したい」と言うのです。そこで当時、ソニー生命に所属していた私に相談してきたというわけです。

私は、ソニー生命にいたということもあり、自身のツテを使い、プレイステーションを取り扱っているソニー・コンピュータエンタテインメント（現・ソニー・インタラクティブエンタテインメント）にB社長を紹介。B社は、私のつなぎによりプレイステーションのエリア卸問屋としてのポジションを得ることができ、売上を11億円→１２０億円と、大幅に伸ばすことができたのです。当然、B社長はとても喜んでくれました。

その後、B社長は知り合いの経営者、たとえば食品会社や宝石販売会社、遊技場の経営者など、たくさんの方を私に紹介してくださいました。

実はその紹介の仕方が面白くて、B社長は知り合いの経営者に「君は今どこの保険に入っているのか」と尋ねるのです。相手が「ウチでは○○生命の保険に加入しているんだよ」などと答えると、「まだそんなところの保険に入っているのか！」と言うのです。「五島さんのところの保険に入りんさい」と、B社長の出身地である広島県の方言でまくし立てる――そんな面白い方でした。

たくさんの紹介をいただいたお客様の中に、広島でも有数の上場企業に勤める営業部長がいらっしゃいました。とはいえ、考えてもみてください。法人の保険営業員である私が、大企業とはいえ営業部長と会っても、特に用事はありませんし、話題もありません。ですから10分ほど世間話をして、型どおりの挨拶をして帰ろうとしました。するとその時、その大企業の財務担当役員がたまたま通りかかり、自然な流れで私はその財務担当役員（C氏としましょう）と名刺交換することになったのです。よくあるビジネス風景ですね。私が保険営業員だと知ると、そのC氏は「少し相談したいことがある」と言い出したのです。

C氏が知りたかったのは、自社が契約している保険会社の経営状況が危ないのではないか、ということでした。潰れる可能性がある、という噂を聞いたので、業界情報を私から聞きたかったというわけです。

私は、保険会社が破綻するかどうかについて無責任に言うわけにはいかないと思い、様々なデータを集めて、その保険会社の状況を客観的に示すことにし、そのうえでC氏に判断してもらうことにしたのです。するとC氏が、「ウチの会社は、（C氏が破綻するかもしれないと疑っている）この保険会社が取り扱っている○○保険に加入している。同様のものがソニー生命にもありますか」と質問されたので、「あります」とお答えしました。

C氏は、私が集めたデータから契約先の保険会社が危ないと判断し、私に提案を求めたわけです。そうなると当然、「ソニー生命は大丈夫なのか」と同じように不安を持たれる可能性もあります。ですから、私はソニー生命の客観的なデータもあわせて提示しました。

この時の提案が、結果的にその大企業のニーズにはまり、役員を中心とする法人保険50億円の契約となりました。当然、金額が金額ですから、保守的な慎重論だとか、別の保険会社にも話を聞こうといった邪魔が入ってくるものですから、この提案も「どうせまたダメになるだろう」くらいの気持ちでいました。しかし、その提案が役員会で承認され、採用されることになったのです。

ただ、この時点でも私はまだ油断していませんでした。どこからか横槍が飛んできて、契約に至らない可能性は十分にあると思っていたのです。案の定、C氏から電話がありました。

「銀行が契約予定日の3月31日に50億円もの預金残高がなくなることを許容しない」と言うのです。

銀行の言い分もわかります。50億円という大きなお金ですから、当然の判断でしょう。

しかし、C氏にまだ保険契約をする意思があるかどうかを確認したところ、「役員会では話が通っているので、契約をしたいと考えている」というお返事でした。ですから私は、「それでは3月31日15時以降に御社にお邪魔します。50億円の小切手をご用意しておいていただけますか」とお伝えしました。C氏は、「なるほど、それなら記録上、銀行の残高が減ることはないですね」と納得していただきました。

こうして無事50億円の保険契約をすることになりました。

ちなみに、契約の当日に先方のところには何人で伺ったと思いますか？　50億円の小切手を持って帰るというのに、私1人で行きました。今考えると、おおらかな時代でした。しかも領収書を切る際、領収書に十億の単位が用意されていないことに気づき、慌てて本社にどうすればいいかを確認する始末。本部の回答は、欄外にゼロを書けとのことで、何とも中途半端で不格好な領収書を切り、50億円の小切手を領収しました。小切手を入れるケースも安っぽいビニール製のキャッシュケースです。どうにも、いろいろな面で格好がつかない話です…。

この話のポイントは、大きな契約であればあるほど邪魔が入るということでしょう。皆さんも、保険のセールスをしているのであれば、大なり小なり覚えがあるでしょう。

多くの場合、邪魔をしてくるのは顧問税理士でしょうか。酷いケースになると、「その保険なら、保険の代理店を行っている私のところにもあるので、私のところで入ってください」と話す税理士もいます。税理士のほかに、銀行も口を挟むケースがあるでしょう。

さらに、この事例でなぜ契約ができたのか——その理由は2つあると私は考えています。

1つは「貢献」という利他の精神です。つまり、「与える」ということを自身の仕事のテーマとし、愚直に遂行し続けた結果が50億円の契約につながったのだと思っています。こうした実体験があるからこそ、「与えた分だけ与えられる」ということが、私の大事な指針になっています。

2つ目は、高い目標を持っていたことです。これもとても大切なことだと思います。「人事を尽くして天命を待つ」という言葉のとおり、日々勉強に励み、実践することが「運命自招」（第7章で解説します）につながっていきます。

これからの保険営業には契約してもらうための「貢献営業」だけでは足りません。保険営業というのは、お客様の求める保険契約が締結できたら、その後は用事がなくなってしまうからです。悲しいことですが、これは厳然たる事実です。しかしもっとレベルを上げて、関係性を続けていけばどうでしょうか。つまり「継続貢献営業」です。経営者に対して伴走支援をするという考え方こそが成功につながります。

私が主催する『ＳＨＥ――戦略法人保険営業塾』に所属する塾生の１人で、長く成功されている方がいます。彼はＰＤＣＡ計画を立て、毎月１回、お客様の会社を訪問して実行できているかをモニタリングしています。そういう形でお客様の高い目標を実践し、支援を続けているのです。彼には、そのようなお客様が20社ほどあるそうです。

彼は、お客様のところへは、毎回保険の商談で伺うのではなく、お客様の会社を良くする支援のために伺っています。自分が支援しているすべての会社を黒字にして、毎月毎年お金が残る経営に変わるようアドバイスしています。これこそが人の幸せに貢献する仕事であり、保険営業員が社会にとって不可欠な存在になるための実践法といえるのではないでしょうか。

2

貢献のために意識すべきこと

質の高い仕事をするには目標が不可欠です。より良い仕事、より良い人生のためには、その分高い目標が求められます。私が塾生に話す高い目標の1つとして、私も実行していた「1日5人の経営者を紹介してもらう」というものがあります。この目標を達成するために私が意識していることがあるのでご紹介しましょう。

1つは「宿題をもらって帰る」ということです。今すぐ解決すべき問題や、私にしてほしいことがないかを聞いて、宿題として持ち帰ります。当然、次回訪問時にはその宿題の答えを持って伺い、また次の宿題をもらって帰るということを繰り返すようにしています。

2つ目は、予定を組む際に「与える」という立場を意識することです。先方に何かを与えるのですから、こちらの予定が尊重されます。つまり自分の都合で予定を組むことができるのです。

たとえば、1日に5人の経営者に会おうとしたら、移動時間も含めて考えると、9時から17時までの2時間おきのペースで予定を組まなければいけません。この時、先方の都合に合わせてこちらが「ただ訪問する」という姿勢でいると、うまくアポイントメントがとれず、1日5人の経営者と会うことなど実現できません。

一方でこちらが「与える」立場だと、「〇〇をご提供できますので、15時にお邪魔させてください」と、こちらの都合でアポイントメントを取れるようになり、1日5人の経営者と会うという目標も実現しやすくなるでしょう。そのためにも、「与える」ということを意識してください。

3つ目は「単純に保険契約を案内しない」ことです。大切なのは、困っているお客様を見つけて、その課題解決に資することであり、保険契約をしてくれそうなお客様を紹介してもらう必要はないのです。

ここでも私の経験談を紹介します。ある時、保険契約をいただいた経営者から、知り合いとして医療法人の理事長を紹介してもらいました。経営者に「何か困っているご友人はいませんか」と尋ねたところ、「遊ばせている土地があるので、物件を建てて家賃収入を得ようかと考えている友人がいる」という話が出ました。私はこれを千載一遇の好機と考え、以前からお付き合いしたいと考えていた同世代の不動産会社の社長のところへ飛び込みで伺い、その医療法人の理事長のお話しをしました。すると不動産会社の社長は、家賃収入を得ようとしている人を紹介してくれたことを非常に喜び、私は不動産会社の社長にとても気に入ってもらえたのです。それにより紹介の幅が一気に広がりました。たとえばマンションの建設会議に同席させていただき、会議の終了後、下請会社の経営者を紹介していただけたのです。

この事例のように、一見、保険の話と無関係の仕事でも、貢献することが大切なのです。「保険の話以外は自分の領域ではない」と自分の仕事の幅を決めつけないでください。お客様の困りごとを宿題としてもらえた時は、千載一遇の好機と捉える姿勢が大事なのです。

3

意識を変えた「人生の終わり」

私がこうした考えを持つに至ったのには、人生の終わりを意識する出来事があったからです。

「人生の終わりを意識した」と言うと大げさに聞こえるかもしれませんが、私が30歳の頃、広島県で幅員が100mほどある大きな道路の横断歩道を渡っていた時に、信号無視をした車が私に突っ込んできたことがありました。幸い、跳ねられたわけではなくギリギリで避けることができたのですが、その時に「人生有限」ということを強く意識したことを覚えています。

「自分はもしかしたら今の車に轢かれて死んでいたかもしれない。そうか、人間はいつか必ず死ぬ。人生は有限なものなんだ。だとしたら、自分は人生をどんな終わり方にしたいのだろう」。そんなことを考えました。

その頃の私は、中途半端な自分自身に辟易していました。小・中・高と勉強に打ち込むわけでもなく、スポーツに熱を入れることもありませんでした。そんな不完全燃焼な自分を変革しようと、大学時代に選んだのが空手です。真剣に打ち込み、努力した結果、中四国大会でトップを取ったり、全国大会への出場も果たしました。しかし、大学を卒業して会社員になったら、また腐ってしまいました。理由は、私より後に入った社長の息子が、入社してすぐに役員になったからです。「この会社もダメだな」と愚痴を言い、それを理由に真剣に仕事に打ち込むことはなくなりました。

「こんな人生を続けたくない」とも思っていた頃、車に轢かれそうになり、「人生有限」という意識を持ち、2つの覚悟を決めたのです。それは、人生の終わり方を決めて、そこからどう生きるかを逆算して決めることと、勤勉努力を続けることです。

努力ができるということは、大きな強みになります。私の場合は大学の4年間、空手部の稽古に打ち込んだ経験が、「自分は努力のできる人間だ」という心の支えになりました。

皆さんの中で「自分は努力をしたことがない」と感じている方は、ぜひ努力の大切さを意識してください。努力は自分次第で、今日から始めることができます。たとえば人より早く起きて、勉強の時間に当てるなどです。私自身、早寝早起きは、健康だけでなく頭の働きにもいいと感じています。

「健康」も、非常に重要な要素の1つです。睡眠や運動、食事という要素に加え、心の状態も健康に関わってきます。高い目標を立てて、それを達成した時、人は自己有用感を覚えます。その感覚が身体を健康にし、新たな目標を達成するための力になります。そういう「正のスパイラル」を作っていただきたいと思います。

私は、「自分の身体は神様からお預かりしているもので、時が来たらなるべくいい状態でお返ししなければならない」と考えています。こう考えることで、自分の身体を大事にしようと思えるようになりました。そのような意識があると無茶なこともしなくなります。無茶をすると体調が悪くなり、体調が悪いと当然やる気も出てきません。

努力を毎日続けるためには「やる気」が不可欠です。自分を大事にする意識は、結局のところ自分を高めることにつながるということを、ぜひ覚えておいていただきたいと思います。

4

財務と事業承継で貢献し続ける

私は当初は、お客様に貢献する手段として、ビジネスマッチングに力を入れていました。そもそも当時は財務にそれほど強かったわけではなく、自分のレベルでできる貢献は何かと考えた時に、ビジネスマッチングという方法があったに過ぎません。

その後、自分が会社を経営したり、様々な現場を肌感覚で知ったりしていく中で、財務と事業承継が企業にとって核心的な問題であることに気がつきました。

「ビジネスマッチング」による貢献は、困りごとを抱えるAさんと、それを解決できるBさんとを橋渡しすることです。しかし、マッチングして困りごとが解決すると、もう私が貢献する余地がなくなってしまいます。そもそも「困りごとが思いつかない」という経営者もいるかもしれません。

一方、マッチングに比べて財務と事業承継は、解決までに非常に長期間を要します。

私には10年以上のお付き合いになるクライアントが数社あり、そこの保険をすべて任せてもらっています。財務と事業承継を貢献の軸に据えると安定度が違ってきます。

財務が弱い会社は資金調達に課題を抱えているので、銀行による格付けの話をするために決算書を見せてもらいます。そこから課題を読み取り、銀行格付けを意識した決算書を作っていくという貢献ができます。

反対に、財務に強い会社は事業承継に課題を抱えることになります。株価が上がったらどのように事業承継をすればいいのか、後継者が株を買えないという課題を抱えるわけです。

つまり、財務と事業承継で貢献するということは、すべての会社に貢献できるということを意味します。保険営業員の仕事は固定給ではありません。ですから常に「今日売れても、明日売れるという保証はない」という不安（プレッシャー）がつきまといます。

この不安を、勉強のエネルギーや実践するためのエネルギーに変え、常に勝つための方法として行き着いたのが、「継続貢献営業」です。お客様への貢献がお客様の課題を解決します。そして、お客様の信頼を得て、すべての保険を任せてもらうことで勝つことができます。私たちが目指すべきは、お客様と自分自身、双方の幸せを目指す貢献なのではないでしょうか。

5

海運会社への継続貢献の事例

私が10年間継続して貢献営業をしている、現在20期を迎える海運会社（D社）があります。皆さんに財務と事業承継という支援のポイントを理解していただくために、この海運会社の事例を紹介します。

長い間支援を継続する中で、様々なことが起こりました。

●D社に出会った時のD社の状況

D社はもともと社長が個人事業主として営んでいましたが、20年ほど前、法人成りを行い正式にD社を設立。ただ、法人成りをする際に、個人事業主の時代より取引があった銀行から「海運業において資産となる船舶は会社が持ち、借金は社長個人で持ってほしい」と言われました。もちろん社長はその条件でD社を設立します。

ただ、社長はこの借金を返さなくてはいけません。とはいえ、社長も法人成りにあたり個人資産をつぎ込んでいますので、借金を返すほどの資産を持っていません。そこで、会社がいったん代位弁済をするという方法を取りました。顧問税理士の指導に従い、D社が役員貸付金という形で社長に借金分の資金を貸し付け、社長は会社から借りたお金を原資に借金を返済。D社は社長から利息4％を受け取るというスキームでした。

しかし、こうした役員貸付金を計上したことから、今度はD社自体が債務超過になってしまい、資金繰り倒産の危機に瀕してしまいました。社長の長男に事業承継したくてもこれでは後継者も継ぎたがりません。そんな時に私はD社と出会ったのです。

D社第20期のB／Sからわかること

私がD社と出会った頃（第20期）のB／Sは次ページの図表のようなものでした。

B／Sを読む時は、最初に純資産の内訳から確認します。純資産は資本金と利益剰余金で構成されています。

D社の資本金は400万円です。海運業を行うにあたって400万円の資本金は、いかにも少ない額ではないでしょうか。また利益剰余金が3600万円で、純資産は4000万円です。この3600万円の利益剰余金をどう見ればいいでしょうか。

● D社の20期のB／S　（単位：千円）

科目	金額	科目	金額
流動資産	**650,000**	**流動負債**	**350,000**
現預金	65,000	支払手形	62,000
受取手形	12,000	買掛金	190,000
売掛金	127,000	短期借入	82,000
立替金	330,000	その他	16,000
未収入金	115,000	**固定負債**	**530,000**
⋮	⋮	長期借入金	510,000
		役員借入金	0
		その他	20,000
固定資産	**270,000**	**負債合計**	**880,000**
車両運搬具	1,000	資本金	4,000
船舶	220,000	利益剰余金	36,000
絵画・骨董	5,000		
保険積立金	13,000		
⋮	⋮	**純資産計**	**40,000**
総資産合計	**920,000**	**負債・純資産合計**	**920,000**

この時、「年平均利益剰余金」という見方をしてみましょう。これは何年間で残した利益なのか。D社は20期目ですから、3600万円を20年で割ると、年平均利益剰余金は180万円です。総資産が9億2000万円の会社で、年平均利益余剰金が180万円は、適切な数字なのかどうかを考えていただきたいと思います。

ただ、年平均利益剰余金が「ある」ということは間違いないので、この時点でD社には収益力が、大きくはないものの「ある」ということがわかると思います。

次に現預金6500万円と借入金の合計を対比しましょう。長期借入金と短期借入金という借入金を合計した数字と、現預金を比較してバランスシートの右と左のバランスがどうか、という見方をします。すると、D社は借入金のほうが大幅に大きいため、「弱い会社」であるとわかります。これでは資金繰りが回らず、いつ倒産してもおかしくないレベルだと思います。

その次に確認すべきことが、資産勘定の精査です。私は関与先企業には必ず支払手形をなくしていく、という経営指導をします。なぜなら、不渡りを起こしたくないからです。ですから適正な資金調達を行い、支払手形をなくす、ということに取り組みます。

さらに確認すべきポイントとして「悪勘定」があります。具体的には、立替金3億3000万円です。これこそが前述した、社長の借金返済のためにD社が支出した役員貸付金でしょう。その下の未収入金1億1500万円は、利息です。D社の顧問税理士は、貸付金3億3000万円に対して、資金調達レート4％として利息を計算。途中、返済したこともあるということですが、約20年経った現在も1億1500万円という数字が計上されているのです。

これらを総資産９億２０００万円から差し引くと、実態総資産は４億７５００万円になります。負債合計は８億８０００万円ですから、Ｄ社は実質債務超過といえそうです。

Ｄ社の現状と対応策を考える

以上のように実態Ｂ／Ｓを考えると、Ｄ社は、債務超過で、非常に弱い会社と判断せざるをえない状況です。

こうした状況を踏まえて、銀行から見たＤ社の格付けはどうでしょうか。答えはご想像のとおり「要注意先」、しかもわりと下のほうのランクに位置しているのではないかと予想できます。場合によっては「破綻懸念先」としている銀行もあるかもしれません。これでは資金繰り倒産の可能性があります。

では、ここからどう思考を展開させればいいのでしょうか。

まずは返済額がどうなっているのかに着目します。実質債務超過のＤ社に対して、当時のメインバンクは、有利子負債（借入金）を４年で返済するよう求めていました。この時点のＤ社の長短ひとまとめにした有利子負債は５億９２００万円、それを４年で返すとなると、1年あたり約1億5000万円になります。これが破綻懸念先に対する銀行の扱いの現実です。

一方で、こうした状況に置かれた会社に新規融資は可能でしょうか。当然融資できるはずがありません。

もう一歩踏み込んで考えてみます。どうして受取手形1200万円があるのでしょうか。BtoBの事業だからでしょうか。B/Sを確認する際には、「なぜ受取手形があったのか、なぜ支払手形があるのか」という見方をしていただきたいと思います。

受取手形が存在するのは、取引先の中に支払いの悪い会社があるからだったのです。なぜ支払いが悪いかというと、その取引先にはお金がないからです。

ではなぜ支払手形があるのでしょうか。それは、受取手形の影響で、この会社（D社）にお金がないからです。お金がしっかりあれば、支払手形など切りたいとは思わないはずです。手形の管理だけでも負担になるのですから…。

このようにB/Sを見ながら、思考展開をしていただきたいと思います。「なぜこうなっているのか」「何かを変えなければいけない」「ではどうしたら変えられるのか」と。このようなレベルでB／Sが読めるようになることが、継続貢献営業では必要不可欠なのです。

P／Lからわかること

続いて次ページの20期のP／Lを見ていきましょう。

D社の売上高は13億2000万円あります。そして粗利益率42％とあります。この数字が高いのか低いのかは、現時点ではまだなんともいえません。

固定費を差し引いた営業利益は3500万円、支払利息で2000万円を支払っています。

当期の利益を見る時は、「当期純利益（税引後利益）」と「減価償却費」に注目してみてください。D社のP／Lでは、当期純利益2100万円および減価償却費4200万円とあります。これを足した6300万円こそが、D社が年間で生み出すキャッシュフロー、つまり返済原資ということになります。

さらに考えなければならないのが、「この利益は来期以降も続くのかどうか」ということです。要するに、お客様との取引関係が長く続くかどうか、ということです。ここに会社の強みが発揮された結果が現れてきます。

● D 社の20期の P／L

（単位：千円）

科目	金額
売上高 変動費（内外注費）	**1,320,000** 770,000（550,000）
粗利益	**550,000（42%）**
固定費 役員報酬合計（4名） 減価償却費 保険料 交際費 ⋮	**515,000** 50,000 42,000 10,000 5,000 ⋮
営業利益	**35,000**
雑収入 雑損失（内支払利息）	15,000 22,000（20,000）
経常利益	**28,000**
当期純利益	**21,000**

このような前提に基づいて、D社の利益が今後増えるのかどうかを確認していきます。

D社のキャッシュフローは6300万円で、一方で返済元本が1年あたり約1億5000万円あることは、先ほどB／Sで確認してきたとおりです。すると、D社は8700万円キャッシュが不足することになり、このままでは資金繰りに行き詰って倒産することになるでしょう。現金損益赤字です。

銀行は会社経営が悪くなったからといって、すぐに指摘をしたり、文句を言ってくることはまずありません。いよいよダメになるというタイミングで、手のひらを返すように言ってくるのです。ですから、D社の例で言えば、この段階では銀行は何も言ってこないでしょう。

こういうことを考慮すると、結局のところ、課題は「お金を返せない、お金が借りられない、だから倒産する」ということです。

このように、キャッシュフローを必ず確認するようにしてください。銀行にとっては、そこが返済原資になるだけに、最も興味・関心を示すポイントです。裏を返せば、過去3年分の平均キャッシュフローを提示することが、銀行にアクションを起こさせる動機にもなり得るでしょう。

●現状とその原因を考える

では、D社がこのような状況になってしまった原因を考えてみましょう。

それは、貸付金と未収入金という悪勘定にあり、銀行のミスリードと、税理士の無知・不実ということが言えるのではないかと思っています。

まず、D社に対して法人成りを推奨した銀行が、「資産は法人に、借金は個人で残してほしい」と言いました。こうすると売上は会社に入ります。では、借金の返済はどうすればいいでしょうか。会社から個人にお金を移動する手段としては役員報酬しかありません。しかし役員報酬には高い税率や社会保険料がかかり、その分、現金が目減り（キャッシュアウト）してしまいます。その結果、個人では借金が返せなくなり、会社で代位弁済をすることになります。この金額が3億3000万円ほどありました。しかし、これを顧問税理士は役員貸付金として処理していました。

私はこの税理士の判断が無知であり、不実であると考えます。代位弁済金額を役員貸付金として処理すると、先々大変になるということが想像できていないのです。

ここまでで、もう一度、現状把握をしておきましょう。まず、D社は実態債務超過でした。問題を抽出すると、銀行からは破綻懸念先として扱われており、新規融資は不可のうえ、借入金を4年間で返済するよう求められています。現金損益は赤字で、1年も持たずに資金繰り倒産する可能性があるといえます。原因は、銀行のミスリードと税理士の無知・不実です。さらにもう1つ、経営者の無知というものも少なからずあったと思います。知らないから経営改善ができない。何をすればいいか分からない。D社はそういう状態でした。

●現状打開策を考える

ではこのような最悪の事態において、D社はどうすればいいのでしょうか。このような事例をとおして、皆さんには支援の疑似体験をしておいていただきたいと思います。同じような企業に遭遇した際に、どのように現状把握をして、どんな問題を抽出し、どうやって原因の究明やその対応をしていくべきなのか、そのようなことを常に考えるようにして、ご自身で道を切り拓けるようになっていただきたいと思います。

D社の事例で、まず考えられる手段は、銀行の支援を受けるということになるでしょう。その時、現在のメインバンクに支援を求めるのか、別の新しい銀行に支援を求めるか、という2つの選択肢があります。この場合、私は新しい銀行に支援を求めるべきだと思います。なぜなら、現在のメインバンクは、もはやD社を破綻懸念先と見ており、支援を依頼しても誠実に対応してもらえないと考えられるからです。やる気のない相手には、どんなに正論を言っても通じません。したがって、新しい銀行を開拓するための計画が必要になります。皆さんもこのような場合に、別の銀行が支援してくれるかどうかという観点で考えるといいと思います。

そして、この時のポイントが「肩代わり融資」です。他の銀行の融資を、別の銀行が肩代わりすることです。

新しい銀行から支援を受けるために、経営改善計画書を作ります。ただ経営改善計画書を作成するだけではなく、数カ月間は、作成した計画が確実に遂行されているかどうかを検証し、残高試算表をベースに数字データとして記録していきます。

そしてバンクミーティングを行い、みなし正常先支援を勝ち取るわけです。実際に、私はこうして現金損益の黒字化を実現することができました。

まず、4年で返済しなければならない借入金を、15年という長期借入金に一本化してもらいました。次に、約3億3000万円の役員貸付金を10年計画で解消することにしました。具体的には年間保険料4000万円の保険積立金で退職金を支給するようにしました。この積立手段が生命保険を使った積立です。

さらに船については含み益が出ていましたので、これを銀行に提出。船の資産価値を再評価することで資産が増えました。その結果、約3年で債務超過を解消することができ、正常先として評価され、通常の金利で8億円の資金調達ができました。

こうして会社の継続が可能になったと判断し、債務超過から資産超過に移行するタイミングで、後継者（社長の長男）に額面300万円で株式を譲渡（売買）しました。この時、多くの税理士は売買ではなく贈与という手段を選びます。なぜなら110万円の範囲内で移動できれば、贈与税がかからないからです。しかし譲渡（売買）なら、贈与税はかかりますが、一括して株式を譲渡することができ、かつ贈与という記録を残すことができます。このほか、銀行（特にメイン銀行）に対しては、必ず月次決算報告を行うことを習慣化していただきました。

改善後のB／S

次ページの図表は、私が支援に入るようになって7年が経過したD社のB／Sです。

利益剰余金が減り、総資産が増え、負債合計が増えています。一見、悪化しているようにも思えますが、現預金が6500万円から3億6000万円になっていることと、支払手形が6200万円から1800万円にまで減っていることに着目してください。これは意思を持って資金調達を行い、支払手形をやめていった成果です。手形の不渡りは絶対に出したくないので、支払手形をやめて買掛金に替えていきました。

買掛金ですと、取引先に対して「1カ月待ってください」と言うことができます。つま

● D社の27期のB／S

（単位：千円）

科目	金額	科目	金額
流動資産	**800,000**	**流動負債**	**470,000**
現預金	360,000	支払手形	18,000
売上債権	200,000	買掛金	150,000
未収入金	127,000	短期継続融資	300,000
役員貸付金	90,000	⋮	⋮
その他	23,000	**固定負債**	**1,028,000**
		長期借入金	1,000,000
		長期支払手形	0
		その他	28,000
固定資産	**700,000**	**負債合計**	**1,498,000**
車両	3,000	資本金	4,000
船舶	70,000	利益剰余金	▲2,000
船舶仮勘定	600,000		
保険積立金	18,000		
その他	9,000	**純資産計**	**2,000**
総資産合計	**1,500,000**	**負債･純資産合計**	**1,500,000**

り手形の不渡りが起こらなくなります。

なお、「船舶仮勘定」とは、船を建造中の時に置く勘定科目です。

改善後のP／L

次にP／Lを見てみましょう。

営業利益は3500万円から7000万円に増えています。

先ほど見たように、借入金が増えているはずなのに支払利息は減少しています（2000万円→1000万円）。これは正常金利での調達が可能になったからです。

注目点は「役員退職金」です。

●Ｄ社の27期のＰ／Ｌ　（単位：千円）

科目	金額
売上高	**1,200,000**
外注費	570,000
燃料費	110,000
⋮	⋮
変動費計（70％）	**980,000**
粗利益	**220,000**
固定費	**150,000**
役員報酬合計（４名）	50,000
減価償却費	40,000
接待交際費	3,000
⋮	⋮
営業利益	**70,000**
雑収入	150,000
支払利息	10,000
経常利益	**210,000**
修繕費	60,000
役員退職金	290,000
当期純利益	**▲140,000**

２億９０００万円を退職金特別損失で処理しました。つまり、退職金を支給することで貸付金を返済したということです。ただし保険を解約することで、雑収入１億５０００万円が生まれます。その分だけ現預金が増えて貸付金が減りました。これによって銀行と約束した悪勘定を減らすことに成功しました。

繰越欠損にはなっていますが、悪勘定が減り、弱い会社から強い会社になったといえます。

本書では弱い経営をしている会社が多いということを何度も述べています。何に弱いのかというと、数字に弱いということです。D社の経営者も、私が支援に入る前は決算書を読むことができませんでした。そこから貸借対照表の実態B／Sという概念での読み方から始め、「資産保有の目的は本業のキャッシュを生むため」などの原理原則を一つひとつ丁寧に伝えていきました。ミーティング自体は毎月1時間程度の短いものですが、D社社長はとても勉強熱心でした。毎月の改善会議だけでなく、私が開講している『社長塾』にも参加してくれるようになりました。今でも私のセミナーに来ています。なぜなら「まだまだ勉強が足りない」と思っているからだそうです。そういう経営者だからこそ、ご自身で中期経営計画を作ることができたのです。焦点の合わせ方として、純資産のキャッシュまで持っていけたということは、D社にとって大きな強みだと思います。

もう1点大事なこととして、利益の考え方があります。

前述したように、利益には、出た利益、出した利益、続く利益という3種類があります。出た利益というのは、たまたまそうなったものでしかありません。出した利益は、意思を持ってそうなるようにした結果の利益です。しかしそこからさらに一歩進めて続く利益にしておかなければ勝ち続けることができません。

続く利益にするためには、日々の仕事を通じて顧客の信頼を蓄積していくことが重要です。目先の売上ばかりを考えるよりも、たとえば「信用」などの無形資産を蓄積していくような経営が大事なのです。D社の社長はそれを理解してくれたので、個々の顧客との信頼構築も十分に行ってきてくれました。

最後に最新の第29期のB／SとP／Lを見ていきましょう。

役員貸付金が9000万円残っています。以前は利息は4％で計算されていましたが、顧問税理士を変えたうえで1％にしました。とはいえ、元本が少ないほうが、毎年の認定利息増加が減るので、貸付金の処理を行っています。

また私が徹底的にこだわっているポイントの1つが、支払手形をなくすことでした。そしてついに、支払手形がゼロになりました。現預金が2億円ということは、安全なレベルにまでなっているといえます。

マイナス面としては、あまり利益が増えていない点があげられます。なぜ利益が増えていないのか。P／Lを見ると、燃料費が1億1000万円から2億円に増えています。海

● D社の最新29期のB／S　（単位：千円）

科目	金額	科目	金額
流動資産	**550,000**	**流動負債**	**465,000**
現預金	200,000	支払手形	0
売上債権	200,000	買掛金	125,000
役員貸付金	90,000	短期継続融資	340,000
未収入金	13,000		
⋮	⋮	**固定負債**	**1,060,000**
		長期借入金	1,050,000
		その他	10,000
固定資産	**700,000**	**負債合計**	**1,525,000**
車両	1,000		
船舶	500,000	資本金	4,000
保険積立金	40,000	利益剰余金	▲279,000
その他	159,000	**純資産計**	**▲275,000**
総資産合計	**1,250,000**	**負債・純資産合計**	**1,250,000**

● D社の最新29期のP／L　（単位：千円）

科目	金額
売上高	**1,300,000**
外注費	450,000
燃料費	200,000
派遣料	250,000
⋮	⋮
変動費計（70％）	**1,040,000**
粗利益	260,000
固定費	**220,000**
役員報酬合計（4名）	45,000
減価償却費	100,000
接待交際費	2,000
⋮	⋮
営業利益	40,000
雑収入	40,000
支払利息	20,000
経常利益	**60,000**
修繕費	45,000
⋮	⋮
当期純利益	**5,000**

運業の船は重油を使いますが、軽油やガソリンと同様に燃料代は上がっています。これは燃料の高騰という社会的な要因であり、想定外の事態ではありります。燃料費は変動費として処理しているので、当然、粗利益が伸びてくれません。減価償却を1億円としているものの、なんとか死にものぐるいで500万円の当期利益を出すことに成功しました。特に29期は利益を出すことを意識していたので、その結果ともいえます。それでもD社社長は、本来であれば3000万円程度の利益を出したかったと言っていました。もし燃料費が高騰していなければ、3000万円程度の当期利益は出せたという忸怩《じくじ》たる思いがあります。

利益増加のためにできることをすべてやるという覚悟で実行しましたが、思いどおりの利益は出せませんでした。しかし努力の痕跡も見られます。D社社長は本気で仕事を取りに行ってくれました。また、社長は人のいい方だったので、いわゆる「お付き合い保険」がありました。これを必要なもの以外は解約して雑収入を出しました。その痕跡が数字にも表れています。営業利益4000万円に対して、経常利益が6000万円になっている差額がそれです。保険を解約して、その含み益を雑収入として計上した結果、経常利益が6000万円になりました。

しかし、支払利息と修繕費でこの利益は食われてしまいました。海運業は修繕費が不可欠の業種です。実際4500万円を計上しています。これは船が古くなるほど増える項目で仕方のない部分でもあります。ただ、「利益」に意識を持って経営をしたことは間違いありません。

ではこうした現状に対して、今後どうしていけばいいでしょうか。この会社が取った対応をご紹介しましょう。

まず前提となる環境として燃料の高騰があります。また、船を作るための材料や、造船所の建造費高騰も進んでいるようです。

ですから、これまではどのタイミングで船をリプレース（交換）するかということを社内で議論していましたが、現時点の結論としては、リプレースせずに外注運用することに決めました。借金をしなければ船は作れないので、キャッシュの温存を選択したというわけです。粗利益率は低いとしても、キャッシュアウトは抑えるべきという考え方です。

このほか、5％程度の運賃値上げを完了させました。「値上げ」により取引が切られないかが心配でしたが、D社では1件も切られていないそうです。「燃料代が上がったので値上げをする」ということも伝えてはいません。そういう理由で値上げをすると、燃料代が下がったら値下げをするように求められるからです。それでも切られなかった理由は、信頼という無形資産を蓄積してきた結果にほかなりません。

役員報酬を1000万円引き下げたほか、保険の解約により、役員保険料が年間約500万円削減できました。

D社社長からは「当期利益を必ず黒字化して、それを継続させる」と言われました。

●この事例を通じて伝えたいこと

D社は私がご支援するようになった10年間、本当に右往左往しました。D社社長自身が経営というものを理解し、重要な経営判断である船のリプレースはしないと決断することもできました。粗利益率を確保しながら外注も活用すると、D社のキャッシュフローは最大値を維持できます。もちろん今後、燃料や鋼材が値下がりし、運賃は維持できるという状況になれば、P／Lの利益は必ず出るようになってきます。

私はD社への支援をビジネスとして有償で実施しています。しかし「もう五島さんのコンサルティングは結構です」と言われたことはありません。

私は経営者によく言います。「会社の未来を良くすることができます。そのお金の使い方が投資です。その判断ができるようになることが重要です」と。これは正しい判断をするための大事な価値観だと思っています。

今回ご紹介したD社のケースを参考に、財務基盤強化のあるべき姿はどこにあるのかを理解していただきたいと思います。

第7章 運命自招計算式

最後に、第7章では、保険業界再生のために必要な考え方として「運命自招」を取り上げる。運命自招とは自らの意思で偶然を必然に変えていくことをいう。保険営業員である皆さんが正しい保険提案を行いながら実績をあげていく手法としてぜひ押さえていただきたい。

1

運命自招とは

私は、自身の目的として保険業界再生をあげていますが、その実現には業界で働く人が「運命自招」することが必要だと考えています。運命自招とは、意志を持ち、偶然を必然に変えることです。交通事故に遭ったり大変な病気にかかったりすることを運命自招と言っているのではありません。倫理法人会で使われていて、自己啓発の考え方の1つですから、どの辞書にも載っていません。そういう位置づけの考え方であることは最初に理解しておいてください。

運命自招を実現するためには、次の計算式に則った生き方をすべきだと考えます。

●人生・仕事の結果＝考え方×熱意×能力＋素直・謙虚＋勤勉努力

前半の「考え方×熱意×能力」は、稲盛和夫氏が提唱された言葉です。これを私なりに次のように解釈しました。

「考え方」とは、正しい目的をもった理念・志・存在意義であると考えます。正しい目的で生きることの大切さは、「善動機が善果を招く」「人は価値ある目的を持つとすべての出会いが価値あるものに変わる」という、良い結果を皆さんにもたらします。

「熱意」とはやる気のことです、やる気には「自燃（自分自身でやる気を出せる人）」「他燃（他人から火を付けてもらえればやる気が出る人）」「不燃（自分でも、他人からでもやる気を出せない人）」が存在し、自燃：他燃：不燃の人の比率は、2：6：2あるいは1：8：1などと言われます。1～2割ほどいるといわれる不燃の人はどうしようもなく、それで成功するわけがありません。それよりも自燃、他燃の人をターゲットにしていくことが大切でしょう。

他燃の人は、高い目標を立てるのは苦手という人が多いようですが、ここまで何度か述べているとおり、私自身、入社後1カ月の基礎教育を受けている時に、採用マネージャーから「3年目の年収目標を立てましょう」と言われたことで、「1億円」という目標を立てることができました。その実現手段として1日に5人の社長と会うことも決めました。仮説を立ててやり続けると正解に行き着き、1日に5人の社長に会えるようになったのです。そして契約をいただけるまで貢献し続けた結果が、いまの「継続貢献営業」をもたらしたのです。

「能力」とは「具体的に何ができるか?」ということです。稼ぐ力でもあります。「高付加価値化」と「社会貢献力向上」です。人は与えた分だけ与えられます。貢献と報酬は調和するのです。これが実現できなければ社会にとって不可欠な存在になることはできず、お客様から大事にされることはありません。先ほどの社会課題解決人財になることが要諦です。

「素直・謙虚」は、素直でないと人の話を聞きません。現状の自分に自己否定をすることもありませんし、人の話を聞かなければ成長することも変革することも成功することもないのです。

「勤勉努力」とは、高付加価値化を実現し、社会課題解決人財になるための手段です。低生産性の人ほど勉強と実践をしていないことは事実です。正しい勉強が必要ですが、保険業界の話法やトーク術の「口先勉強」が多く、惑わされる人も多いようです。本質の理解ができるかどうかが人生の分かれ道になります。

2

成功する人と成功しない人の差——キーワードは「信頼構築」

ソニー生命に入社する時、私は「プロスペクト」と称する見込客リストの提出を求められました。ただ私は数十名のリストしか作成することができませんでした。中には、何百人もの見込客リストを提出する同輩もいましたが、そういう同輩が見込客リストの数に比例して成績をあげていたかというと、そうではありませんでした。

その理由は、知っている人の数と、成約に結び付く数は違うからです。「人脈」にたとえるとわかりやすいでしょうか。人脈とは頼みごとを気持ちよく遂行してくれる人です。では、人脈はどうすればできるのか？　それは「その人に貢献しているかどうか」で、信用と信頼に表れます。

信用とは過去の貢献実績で、信頼とは過去の貢献実績に基づいた将来の期待値です。

運命自招するためには、意志をもって偶然を必然に変えなければなりません。

私の場合、「保険料50億円の保険契約がとれた」「2年4カ月でエグゼクティブライフプランナーになれた」「販売開始2カ月目に年払保険料2000万円の契約がとれた」——これらはいずれも偶然だったのでしょうか?

いいえ、決して偶然ではなく必然だったと思っています。運命自招、偶然を必然に意志をもって変えられなければ、今日の私はなかったと思います。

では、「運命自招の最重要キーワードは何か?」。それは「貢献」です。貢献力が高ければ高いほど、お客様から感謝されて、長期的な物心両面の成功が実現できるのです。

保険業界の再生が私の理念ですが、実現するには業界で働く人たちが「物心両面の永い成功を実現する」ことになります。すべての契約ごとの源泉は「信頼構築」にあり、それを実現する手段が「継続貢献営業」です。これにより、追加新契約で高値安定経営を行うことができるのです。

どんな業界でも、売れる営業員と売れない営業員がいるものです。この違いの理由は何でしょうか。

いろいろ考えられますが、その1つに、積み重ねた信用・信頼の差があると私は見ています。自分には信用がないと思う人は、今日から信用・信頼を積み上げていくことが大事です。その方法が伴走支援なのです。勉強して、中小企業経営者の伴走支援をしてください。

私が30年前にこの業界に入った時、自分の仕事の使命や役割をまったく表現できていませんでした。私たちの仕事は世のため人のための「社会貢献」なのです。まずここを認識して、次は「社会貢献」を具体化していってください。

１日に５人の社長に会うと決めて、実行してみてください。

まずは、やることです。

30年前の私も、最初はうまくいきませんでした。うまくいくわけがありません。そこで、徹底的に考えました。どうすれば社長が会ってくれるのか。どうすれば歓迎されるのか。どうすれば私に会うことを楽しみに待ってくれるのか。そして、辿り着いた答えが「貢献」でした。

3

貢献＝報酬であることを理解する

この章で述べている運命自招は「言葉は人生であり、発する言葉でその人物が決まり、それにふさわしい運命が招来します。運命を拓くには言葉の大切さを知らなければなりません」と考えます。私がずっと言い続けている「どう考えて、誰と何を話すかですべてが決まる」という考え方に重なる考え方です。

これを踏まえた考え方に『貢献（Contribution）＝報酬（Compensation）』という考え方があります。貢献することで利益を得られるということで、貢献の度合いと報酬は見合っていなければならないというものです。

C＝Cは、自分を犠牲にして他人に利益を与えること、すなわち利他とはまったく異なります。自分の利益を期待して他人に貢献するのが「C＝C」であると考えてください。報酬を受け取る必要がない、なんて言う気はありません。報酬を受け取ることは経済活動をするうえで不可欠な考え方です。ただし、報酬をいただくには、それに見合った貢献をしなければならないということです。

報酬を得られる人と得られない人には様々な違いがあります。いくつかあげてみましょう。あなたはどちらに当てはまるか、ぜひ考えてみてください。

〈報酬を得られる人〉

・高い目標を決める
・素直
・学ぶ
・達成手段を決める
・ごまかさない
・忘れたふりをしない
・行動する
・続ける
・あきらめない

〈報酬を得られない人〉

・高い目標を決めない
・素直でない
・学ばない
・達成手段を決めない
・ごまかす
・忘れたふりをする
・行動しない
・続けない
・すぐに投げ出す

4

経営者に対する最大貢献とは？——終わり方を決めて生き方を決める支援

貢献をしないと人生も仕事も成功しないわけですが、会社を「継続」させるための貢献がすべてではありません。時には「終わる」ことに対して貢献することも大切です。「終わる」というとどうしても後ろ向きなイメージがありますが、これは「終わり方を決めて生き方を決める支援」であり、継続させるための支援と同様、「最大貢献」が可能です。

経営者の終わり方については、次の３つがあります。

1. 継がせたい後継者がいる場合の「親族内承継」
2. 欲しがってくれる会社があっての「親族外承継」（M&A）
3. 「廃業」

それぞれを解説しましょう。

「親族内承継」

親族内承継の場合、後継者の存在と能力が問題となります。能力とは、企業継続能力で利益を出し続けることができるかどうかです。利益は「企業の継続コスト」です。

後継者から見て継ぎたい会社かどうかも大事です。親族内承継が阻害となる原因の１つに「借金の連帯保証人になりたくない」があります。また、後継者の配偶者が反対することも多くあります。借金があっても、余裕をもって返せる会社であれば問題はありません。借金が返せないのであれば、倒産して自己破産に追い込まれるおそれがあり、後継者も継ぎたがらないでしょう。

「親族外承継」

親族外承継（M&A）が実現できるかどうかは「他社が欲しがる会社であるかどうか？」です。

他社は何を目的に、お金を出してまで会社を買うのか——それはキャッシュを生む力（キャッシュフロー）が欲しくて買収するのです。キャッシュを生む力は貸借対照表に反映されており、具体的には自己資本比率の高い会社はキャッシュを生む力があるといえます。

貸借対照表は過去の蓄積を表しますから、どんな経営をしてきたのかを知ることができるからです。

親族外承継は、買う会社による売る会社のデューデリジェンス（資産査定）があり、公認会計士や弁護士など専門家の厳格な査定が入ります。要求される資料も膨大で、それに耐えられる経営をしている（きちんと会社の状況を資料などでまとめている）かどうかも問われます。

親族内承継は親子間で行われることが多く後継者と現経営者との間の合意で、ある意味「なあなあ」で進むのに対し、親族外承継（M＆A）では厳しい査定が入り、会社を売る側としては財務基盤の強化が必須となります。

「廃業」

廃業も困難な終わり方です。

全負債の返済を行わなければ、廃業はできません。財務基盤の弱い会社では全負債の返済ができず、経営を終えることは不可能です。

また、負債返済は現金で行わなければなりません。会社の資産は現預金以外の資産に変化していることが大半ですから、たとえば土地の場合、「それを売却したらいくらになるのか」「実際に売れるのか」など、Ｂ／Ｓの資産分析が必要となります。また、財務基盤に関して、自己資本比率30％（中小企業の平均値）であった場合、他人資本比率は70％になります。他人資本比率が70％では、負債の返済は不可能といえます。

ここまですべての契約ごとの源泉は「信頼構築」と述べましたが、借り物の知識で、口先だけのペラペラトークでは、誰からも信頼はされませんし、行動も起こしてもらえません。ご自身が経営者として終わり方を決め、生き方を決めて実践しているかどうかが重要です。保険営業員も、他人事ではなく自分事として、「私はこうしていますが、社長もどうですか？」と言えることが、経営者の終わりに「貢献」していくことになると思います。

終わりに

「物心両面の永い成功の実現を目指し、人生を真剣に生きるすべての人」のために、ここまで筆を進めてきました。

現在、私は62歳です。これまで、保険営業員、中小企業経営者、中小企業継続支援士という3つの仕事をしてきました。中小企業経営者として30年間ほどの期間を過ごしましたが、経営の失敗も数多く経験しました。保険営業の仕事の付加価値を上げるために、M&Aコンサルティングも行いました。その時の儲けがずっと続くと勘違いをして、利益を生まない資産（クルーザーや身の丈に合わない車両運搬具）を買いました。

その後リーマン・ショックで仕事がなくなり、赤字になり、「金が足りない経営」を経験し、3年間役員報酬を止めて、倒産と破産の恐怖を味わいました。こんな惨めで辛い思いはしたくないと覚悟を決め、「今悪いわけだから、すべてを変える」とビジネスモデルの変革を行い、「出た利益」を「出した利益」に変え、そして「続く利益」に変えていきました。

こうした実体験から、原理原則を抽出し、中小企業継続支援士育成塾であるＳＨＥ（戦略法人保険営業塾）で、「企業価値棄損原因は赤字とお金の使い方の間違い」と教えています。


保険業界は固定給のない過酷なフルコミッションの世界です。成功することを目的に、安定した会社員という地位を捨てて転職するわけですが、この業界の問題は、低生産性で高離職率にあります。フルコミッションの世界の低生産性では所得が減少し、生きるために必要な金が足りず、大きく負債（借金）を抱えて債務超過になります。離職ともなると、破産と一家離散が待ち受けます。低生産性者でなくても明るい未来を描ける人は少ないのが保険業界の実態です。

その低生産性の原因は、低付加価値で顧客不満足であることです。ではどうすれば最高レベルの高付加価値化が実現できるのでしょうか？　それは、社会課題を知り、社会課題解決を実現するための、正しい勤勉努力と実践継続の習慣化です。習慣を変えて人生を変えることです。

ぜひ皆さんも、本書の内容を参考に、お客様に寄り添った継続貢献営業をして、物心両面の幸せを手に入れていただければ幸いです。

最後に、私の人生が成功したかどうかは人生が終わる時に自分が決めることだと思いますが、今日の自分があるのは私を採用・育成してくれて、高い目標設定を支援してくれた沖野孝之さんのおかげです。今も一緒に仕事が出来ていることにも感謝します。

エフピーステージ株式会社

五島　聡

◉著者プロフィール

五島　聡

エフピーステージ株式会社　代表取締役
経営革新等支援機関
認定番号 20130402 中国第 25 号及び中財金－第 56 号

1961 年、愛媛県上島町弓削島生まれ。1983 年、広島経済大学経済学部卒業後、建設機械レンタル会社に就職。
1993 年、ソニー生命保険株式会社に転職。2 年 4 か月同社最短記録 EX・LP、第 1 回保険料小切手領収額 50 億円記録達成。1994 ～ 1998 年度毎年 MDRT トップ・オブ・ザ・テーブル達成。
1996 年、保険代理店として独立。2000 年、エフピーステージ株式会社代表取締役に就任。
2009 年、保険営業マンの本質的成功を目的とした「ビジネスマッチング実践会」を主宰。全国 5 都市で数百人の受講生を指導。のちに「戦略法人保険営業塾」と改称。
2012 年、一般社団法人日本 BCP 協会を設立。2013 年、経営革新等支援機関（中小企業経営力強化支援法）の認定を受ける。2017 年、『法人保険シフトチェンジ』講座をスタート。2018 年、経営者向け『社長・後継者塾』、士業のための『士業塾』塾を開始。現在に至る。

●著書

『保険料 50 億円を獲得する思考術』（近代セールス社）、『トップ 5%の営業マンだけが知っている 34 の方法』（共著・サンマーク出版）、『社長最後の大仕事。借金があっても事業承継―後継者に過剰債務を残さないスマート経営』（共著・ダイヤモンド社）、『継続貢献営業』（近代セールス社）

エフピーステージ株式会社
広島オフィス
〒 730-0012
広島県広島市中区上八丁堀 8-10　クロスタワー 7F

継続貢献営業２
〜生産性３倍を実現する「正しい生命保険営業」への挑戦

2024（令和６）年５月27日　初版発行

著　者　　五島　聡　エフピーステージ株式会社
発行者　　楠 真一郎
発　行　　株式会社近代セールス社
https://www.kindai-sales.co.jp/
東京都中野区新井2-10-11 ヤシマ1804ビル4階
〒165-0026　電話（03）6866-7586
装　幀　　86graphics
編集協力　株式会社ビーケーシー
撮　影　　大野 真人
印刷・製本　株式会社木元省美堂
用　紙　　株式会社鵬紙業

ISBN978-4-7650-2397-9